JN117031

〈美術〉と〈スピリチュアル〉で読み解く

タロット 隠された メッセージ

「絵柄」に込められた真の意図！

占術・言語学研究家

成泰

Naritai

ヒカルランド

はじめに

私がタロットと出会ったのはイタリア。美術史を学びに留学していた時期のことです。

イタリアは「タロット発祥の国」とされるだけあって、神秘的な薫りが漂うそれらの「絵札」を目にする機会は多かったものの、手に取ってみたことは一度もありませんでした。

帰国後、長い年月が経ちましたが、あるきっかけで「スピリチュアル世界」に接するようになり、タロットと「再会」する機会が2021年5月に巡ってきました。

タロットは、占星術や四柱推命など「統計学」にもとづく占い（命術）と異なり、「潜在意識をリーディングし、言語化する」占術（卜術）です。

占い師やクライアントの「潜在意識」がカードの並びとして表れ、それらの「絵柄を言葉に置き換える」プロセスが欠かせないわけです。

ところが、世にある「タロット解説書」のほとんどは、カード一枚一枚の「解釈を羅列する」のに終始しているのが実態です。

その「勉強」がイヤになり、放り出してしまうひとも多いようです。

詳しい解説を読もうと「専門書」を手にとると、今度は「難しい言い回し」のオンパレードで、かえって途方に暮れてしまうこともしばしば……。

でも、それっておかしくないか？

「絵札」なのだから、描かれた図像の印象を、素直に自分のコトバにすればいいのでは？

疑問を抱えつつ、「絵そのもの」と向き合ううちに、フィレンツェ、ローマで美術史に親しんだ記憶が蘇り、「タロットは美術作品と関係がある」ことに気がつきました。

なお、イタリアで私が出会ったタロットは、数ある種類のうち、「マルセイユ・タロット」といわれるバージョン（版）です。

そのマルセイユ版を注視した結果、「大アルカナ」と呼ばれる主札22枚のうち、多くのカードが「ルネサンス美術の有名作品にとても似ている」ことにピンと来たわけです。

続いて、絵柄の起源を「イタリア・ルネサンス」（15～16世紀）に探りつつ、その思想的背景のひとつである「グノーシス主義」（1～4世紀）や、ロー[illegible]教会（カトリック教会）に迫害された「カタリ派」（10～13世紀）の足跡を辿ると、彼ら[illegible]「思想・哲学や異端教義」こそ、「タロットに込められた真実のメッセージ」らしいことが分か[illegible]きました。

実際、カタリ派最後の拠点「モンセギュール城」が陥落する間際に、「[illegible]たといわれており、それがカタリ派の教義を収めた文物であった可能性がありま[illegible]ち出されその文物が、おそらく、北イタリアにもたらされ、カタリ派滅亡から約2世紀を経て、ル[illegible]サンス期に「タロット」として蘇ったのだろうと考えられます。

さっそく、カードの絵柄を一枚一枚、美術史学の方法で分析しつつ、「思想史」の流れや「異端教義」を解読する作業を経て、すべてのカード（大アルカナ22枚）について、①「美術史から説明できる絵柄のルーツ」、②「思想史と連動したスピリチュアル・メッセージ」、③「カタリ派に封印された秘伝（アルカナ）」の3つの仮説を作りあげることができました。

そして、できたのがこの本です。

各カードに対応する「美術作品とメッセージ」（PART３）、「カタリ派の秘伝」（PART４）の解説を読んでいただければ、「カードがどんな意図・文脈で制作されたのか」、「その真意は何か」について自然に理解が進み、カードの意味の丸暗記から解放されるでしょう！

では、「グノーシス主義、カタリ派の秘伝」を「マルセイユ・タロット」としてリバイバルした制作者は、どんなことを人々に伝えたかったのでしょうか？

ひとことでいうなら、「神は自分の中にいる」というメッセージです。

「神は（外には）いない」と宣言したわけですから、弾圧されても当然……。

そこで、タロット制作者は、当局の干渉を避けるために、「キリスト教だけで[illegible]歴史的人物の姿」を借り、さらに、「ゲーム」という体裁を装って、秘伝を視[illegible]

「神は自分の中にいる」というメッセージは、私たちの「気づき」となり、他人のいいなりになるのではなく、「自分の脚で立ち、考え、行動する」きっかけになるはずです。

つまり、「自分発見、自己啓発」のツールとして、マルセイユ・タロットは最適。

このことを深く理解していただくために、大アルカナを人生絵巻に見立てた螺旋マンダラ、数秘術や言語学（語源分析）による解説、地名マップなど、随所に工夫を凝らしました。

また、意味が分かりやすいオリジナルの「Naritaiタロット」を制作し、画像を掲載しました。初心者でも「絵を見れば何となくリーディングできてしまう」カードとなっています。

それでは、タロットの秘密をさぐる旅に、さっそく出かけてみましょう。

２０２３年夏至　筆者

PART 3

PART 4

人名などの後に続く（　）内の数字は、生年・没年、在位年などを示す西暦。

〈　〉は引用部分。ただし、（生年・没年）などを適宜、追加しました。

ブックデザイン　デザイン軒

校正　麦秋アートセンター

PART I

タロットとは

1 タロットの起源

タロット（tarots）は「占い用カード」ですが、もともとは王侯貴族のゲームでした。

フランス国王シャルル6世の会計帳（1392頃）には、〈多色塗りで金箔を施され、数パターンに装飾された3組のカードを、国王陛下の余興用に持参させるために、画家ジャックマン・グランゴヌール宛てに〉[1]代金を支払う、と記載されています。

これらのカードのうち、〈十七枚がパリ国立図書館に現存〉[2]し、その内訳は、〈「女帝」「教皇」「恋人」「戦車」「正義」「隠者」「運命の輪」「力」「吊るされた男」「死」「節制」「神の家」「月」「太陽」「審判」「愚者」それに「刀剣の従者」〉[3]です。

つまり、16枚の大アルカナ（後述）と、1枚の小アルカナ（後述）ということです。

ちなみに、「タロット（tarots）」は、イタリア語で「タロッキ（tarocchi）」といい、その語源は、「偽る・偽造する」という意味のイタリア語「タロッカーレ（taroccare）」[4]という説があり、このことも、「タロットがゲーム起源であること」を示唆します。

実際、イタリアにおいては、〈15世紀末までに、ヴェネツィア、ミラノ、フィレンツェ、ウルビーノで形成される四角形内のほとんどの都市でタロット・ゲームが知られており［中略］、ゲームの主要な中心地はボローニャ、フェラーラ、ミラノ[5]でした。

一方、「タロット占い」の起源はかなり後のようで、歴史上の記録としては18世紀後半、フランスの神秘学者エテイヤ（1738－1791）が、その先駆者とされています。[6]

2 「大アルカナ」と「小アルカナ」

アルカナ（Arcana）とは「大きな箱・箪笥（たんす）（ラテン語：arca）」が語源で、「隠されたもの」や「秘伝」を示すようになりました。

本書は、「キリスト教の教義や歴史的人物の姿」を借り、「ゲーム」の体裁を装ってカードに封印された「カタリ派の秘伝がアルカナ」であるという考えに立っています。

「タロッカーレ（taroccare）＝偽る・偽装する」が「タロット」の語源だという説は、このように考えると、さらにしっくりきます。

さて、タロットには、大アルカナと小アルカナがあり、合計78枚でワンセットです。

- **大アルカナ**：22枚の絵札で、主札となるカード。
- **小アルカナ**：4つの組（スート／suits）に分かれ、各組は、数札10枚＋絵札4枚で構成されます。4×（10＋4）＝56 なので、合計で56枚になります。

タロット占いでは大アルカナのみを使用することも多く、本書でも主札である大アルカナ22枚に限定してお話を進めていきます。

3 タロットの3大潮流

①ヴィスコンティ・スフォルツァ版

歴史的な物証のある最古のタロットで、ルネサンス期のミラノ公国を治めたヴィスコンティ家や、同家と婚姻関係を結んだスフォルツァ家が創り出したとされています。

このタロットには、3セットが存在し、〈最も古いカードセットはブランビラ版で、1412年から1447年の間に制作された可能性があります。続いて、ケーリー・イエール版（1468年）、ピアモント・モルガン・ベルガモ版（1474年）という順に制作されたと推測できます〉[7]。

が、いずれの版にも、カード番号やタイトル表記がなく、占い用としては未完成、もしくは、占いを意図したものではなかったと考えられます。

❷マルセイユ版

現在にいたる「古典タロット」。木版画で刷られていた頃のシンプルな絵柄を引き継いでおり、美術史的にルーツ探索が可能なので、本書ではこの版にフォーカスしています。

成立経緯を簡単に整理すると、次のようになります。

・フランス王シャルル8世が1494年に、ルイ12世が1499年にイタリアに侵攻した際、北イタリアで使われていたタロットが戦利品としてフランスに導入(8)。
・もしくは反対に、1505年にアヴィニョンで存在が確認されているタロットが、この時にフランス勢によってミラノ地方に導入(9)。
・1500年頃、大アルカナ18枚の図像が描かれたシートがミラノで制作【図1】。
・1650年頃、パリのジャン・ノブレが、現マルセイユ版の絵柄を持つタロットを初めて制作。5枚が欠落している以外、73枚がフランス国立図書館に所蔵(10)。
・1760年頃、マルセイユのニコラ・コンヴェルがタロットを制作(11)。

現存する最古のマルセイユ版のひとつはジャン・ノブレ版（1650頃）なので、最初のヴィスコンティ版（1412-1474）と比べて200年ほど遅れたかたちになりますが、「ルーツは遥かに古く、古代エジプトに遡るのではないか」という説があります。

実際に、マルセイユ・タロットの大アルカナには、中世からルネサンス（古典復興）期の社

【図1】
遊戯用カードのケーリー・コレクション、作者不詳、1500年頃。
マルセイユ・タロットの図像によく似た20枚のアルカナが1枚に描かれたシート（イエール大学バイネッキ図書館所蔵）。ミラノで作製されたといわれており、大アルカナ18枚（左上より）、小アルカナ2枚（右下）で構成されています。
・第1段：吊るし人・運命の輪・戦車・愛・正義？
・第2段：力・女教皇・皇帝・女帝・教皇
・第3段：太陽・月・星・魔術師・愚者
・第4段：塔・悪魔・節制・小アルカナ2枚
となっており、大アルカナの隠者・死・審判・世界はここにはありません。

会・思想の様子や、古典復興の流れに沿う古代ギリシャ・ローマ、さらには、古代エジプト、バビロニア（・シュメール）の神話・伝説などが寓話的に描かれています。

マルセイユ版は、画像が鮮明なので、登場人物の視線方向にカードを並べてディープ・リーディングするための「動的展開法」に適しています（ＰＡＲＴ５）。

❸ウェイト＝スミス版（ライダー版）

１９０９年にロンドンで発売。タロットにおける世界シェアは8割を超えるでしょう。

詩人で神秘学者であったアーサー・エドワード・ウェイトが企画し、画家のパメラ・コールマン・スミスが絵を描いたため、「ウェイト＝スミス」の名がついています。

発売メーカーであるライダー社の名をとって「ライダー版」とも呼ばれます。

ヴィスコンティ・スフォルツァ版、マルセイユ版を研究しつつ、ユダヤの神秘思想カバラにもとづいたスピリチュアルなアレンジが施され、当時流行したアール・ヌーヴォー風の意匠が特徴的。国内外で非常に人気のあるタロットです。

半面、図像が不明瞭なので、ケルト十字スプレッド、ヘキサグラム・スプレッドなど、定位置の決まっている展開法（ＰＡＲＴ５）を使わざるを得ないことになります。

PART 2

マルセイユ・タロットの正体

1「大アルカナ」絵柄のルーツ

私の独自調査によると、マルセイユ・タロット「大アルカナ」の絵柄は、何らかの「原典作品」に遡れ、その時代分布を示すと次のようになります（数字はカード番号）。

・紀元前18世紀頃（バビロニア）：15
・紀元前3世紀頃（古代エジプト）：19
・13世紀：21
・14世紀：13、16
・15世紀：01、02、04、06、10、12
・16世紀：05、08、09、14、17、18、20
・17世紀：11、00
・18世紀：03、07

「原典」というのは、制作者（版画家、デザイナー、カードメーカー）が、「絵柄」を考案する際、何らかのかたちで見聞し、インスピレーションを得たと考えられる芸術作品。

「PART3」を一読すると分かるはずですが、各カードに「酷似」した作品が多数あります。

年代的には、22点中、13作品（6割）がルネサンス期（15－16世紀）のもの。その多くは、古代ローマ・ギリシャ、エジプト、バビロニアに（図像的・思想的）ルーツがあります。ルネサンスが「古典復興」と呼ばれる所以（ゆえん）です。

ルネサンスを継承した17－18世紀の美術もまた、大元のルーツは古代にあります。

したがって、大アルカナ22枚は、ルネサンスを経由して「古代世界につながっている」ことになり、アントワーヌ・クール・ド・ジェブラン（1725－1784）が唱える「マルセイユ・タロットの古代エジプト起源説」は間違っていなかったといえます。

2 2重に封印されたメッセージ

初期のタロットは2種類とも、「ルネサンス期のミラノで作製された」ことが定説になっています（PART1）。

・ヴィスコンティ・スフォルツァ版：1474年（ピアモント・モルガン・ベルガモ版。マルセイユ版と同主題で、「悪魔」と「塔」を除く20枚が現存）

・マルセイユ版：1500年頃（大アルカナ18枚の図像が現存）

そして、タロット制作者は、画像をデザインする際に、同時代のルネサンス美術や、それらのルーツとなっている古代の作品にアイデアの源泉を求めたわけです。

では、いったい、**何のために？**

絵を描くには「意図」があったはずですが、彼らは**何を伝えたかったのでしょう？**

じつは、**マルセイユ・タロットの大アルカナには、スピリチュアルな「メッセージ」が2重に封印され、神話・伝説上の人物やできごとの「絵」を装って視覚化**されています。

メッセージの2重構造は、次のようになっています。

①表層：ルネサンス、古代ギリシャ・ローマ、エジプト、バビロニアの思想・哲学
②深層：「カタリ派」の異端教義

「表層」は「PART3」、「深層」は「PART4」で詳述しますが、そうしたメッセージの背景をなすスピリチュアル思想の展開と、タロット作製年代を整理しておきます。

◆ルネサンス（15―16世紀）

ルネサンスが、古典古代（ギリシャ・ローマ）の復興を目指した「文化運動」を指すことはよく知られていますが、その運動の大きなモチベーションとなったのは、中世1000年間を支配した教会権力への反発です。

また、「神」を絶対者としたカトリック教会の価値観から脱却し、「人間本来のあり方」を取り戻そうという「思想運動」でもありました。

したがって、「文化・思想」両面で「反教会」のニュアンスを帯びることになります。

◆ヘルメス文書（3世紀頃に成立）

ルネサンスの発信地フィレンツェにおいて、運動の立役者となったコジモ・デ・メディチ（1389―1464）は、1459年に「プラトン・アカデミー」を創始し、『ヘルメス文書』の翻訳活動などを推進しました。

『ヘルメス文書』は、「グノーシス主義」などの影響を受け、3世紀頃までにエジプトで成立した古代思想の文献写本で、著者はヘルメス・トリスメギストスといわれています。

◆グノーシス主義（1―4世紀）

グノーシス主義は、3〜4世紀に地中海世界に普及し、「**反宇宙論**」が特徴のひとつ。

「創造主が不完全に造ったこの世には悪が充満している」という思想です。

もうひとつの特徴は、「**霊肉二元論**」。

「正しい知識・叡智（ギリシャ語で「グノーシス」）を得ることで、自己の本質（＝霊・魂・精神）に気づき、肉体という悪から解放される」ことを、「救い」と考えました。

なお、「反宇宙論」と「霊肉二元論」の起源は、マニ教とボゴミル派にあります。

◆マニ教（3世紀に創始）

マニ教は、ササン朝ペルシャ（イラン）において、マニ（216－276頃）が創始。

世界を「善・悪」、「光・闇」など相反する2つの原理で成り立っているものと考え、「人間の魂は、悪魔が作った悪しき肉体に囚われている」という教えを展開しました。

のちに東進してアナトリア（トルコ方面）からバルカン半島（ギリシャ方面）に渡り、ブルガリアに達してボゴミル派に影響を与えました。

◆ボゴミル派（10世紀半ば―14世紀末）

ボゴミル派は、トラキアの「パウロ派（7世紀アルメニア発祥のセクト）」を通じてマニ教の影響を受け、ブルガリア西部マケドニア地方の司祭ボゴミルが興したとされています。

「人間の肉体と現世は悪魔が創造した悪しきもので、魂とそれがいずれ帰るべき天上世界のみが、神が造った善なるもの」という二元論を説きました。

11世紀にブルガリアが東ローマ帝国（ビザンティン帝国）の支配下に入ると、ボゴミル派は、帝国内に深く浸透していきます。

◆カタリ派（10―13世紀）

カタリ派は、10世紀から13世紀にかけ、南フランスと北イタリアで展開した思想潮流。拠点のひとつであった南仏の都市アルビの名を取り、アルビ派とも呼ばれます。

グノーシス主義の影響を受け、「**反宇宙論・霊肉二元論**」を唱えていたため、ローマ教会（カトリック教会）から「異端認定」されました。

１１６７年には、東ローマ帝国の首都コンスタンティノープルからボゴミル派司教ニケタスが南仏ラングドック地方を訪問、トゥールーズに近いサン・フェリックス・ド・カラマンで、フランス中のカタリ派の代表を集めて教会会議を開きました。

こうした背景があり、カタリ派には、ボゴミル派の教義も色濃く影響しています。

そして、ニケタス司教の渡仏後、ラングドックがカタリ派の重要拠点となっていきます。

ちなみに、ローマ教皇インノケンティウス3世が異端撲滅に向けて提唱した「アルビジョア十字軍」（１２０９－１２２９）は、「アルビの人々＋討伐軍」という意味です。

南仏の最大拠点トゥールーズでカタリ派の擁護に回っていたレーモン7世伯爵は、1229年に十字軍側に降伏し、和平条約（パリ条約）を締結。

カタリ派は抵抗を続けましたが、最後の拠点モンセギュール城が1244年に陥落。

その後は、ヤコポーネ・ダ・トーディ（1236－1306）のように、多くのカタリ派が、教会の異端審問から逃れるために、新天地を求めて亡命しました。

北イタリアは、亡命先の有力地であったと思われます。

なぜなら、地名マップ④（308ページ）のように、（マニ教→）パウロ派→ボゴミル派という「異端派」の流れを受け、すでに北イタリアは、南フランス同様、カタリ派の展開エリアとなっていたためです。

実際、13世紀初めまでに、カタリ派は〈ミラノやトリノ、フィレンツェといった大都市に根づき、そこでは多くの市会議員のメンバーたちが異端の信者であるか、それに好意を寄せる者〉[1]で、とくに13世紀中頃には**フィレンツェ**で一大勢力となり、ゲルフ党（教皇派）への反発から、ギベリン党（神聖ローマ皇帝派）を支持していました。[2]

北イタリアには、他に、**コンコレッツォ（ミラノの北東25㎞）**、**ヴィチェンツァ**、**マントヴァ**などの拠点がありました。

◆ヴィスコンティ・スフォルツァ版（15世紀）

13世紀から、ミラノ一帯に勢力を張っていたのは、ヴィスコンティ家です。

彼らは、ギベリン党（神聖ローマ皇帝派）を支持していただけでなく、ローマ教皇ヨハネス22世（在位1316－1334）から異端者として弾劾されました。(3)

ヴィスコンティ家の全盛期は、カタリ派滅亡から100年の後ですが、南フランスからの亡命者を通じてカタリ派の教義に触れていた可能性は十分考えられます。

ヴィスコンティ版、マルセイユ版のタロットは、こうした背景で作られたのでしょう。

タロットに関わる世代の主要人物は左の通りです（Vは、ヴィスコンティの略）。

・マンフレーダ・V（不詳－1300）↓「02 女教皇」のモデルという説あり
・ジャン・ガレアッツォ・V（1351－1402）↓　1395年に初代ミラノ公
・フィリッポ・マリア・V（1392－1447）↓　ジャン・ガレアッツォの次男
・ビアンカ・マリア・V（1425－1468）↓　フィリッポの庶子（女性）
・フランチェスコ・スフォルツァ（1401－1466）↓　ビアンカの夫

ビアンカは、庶子（正妻でない女性の子）であったため、父フィリッポの傭兵隊長であったフランチェスコ・スフォルツァと結婚（1441）することになりました。

1450年に、フランチェスコがミラノ公に就任。以降、ミラノはスフォルツァ家の統治となり、ヴィスコンティ家はビアンカ・マリアを最後に途絶えました。

ヴィスコンティ・スフォルツァ版のうち、「ブランビッラ版」（1412－1447）は、フィリッポ・マリア・ヴィスコンティの存命中に、（おそらく、娘ビアンカ・マリアとフランチェスコ・スフォルツァの結婚を記念して）制作されたものと考えられます。

一方、「ケーリー・イエール版」（1468）、「ピアモント・モルガン・ベルガモ版」（1474）は、後の世代に、スフォルツァ家の家人の結婚を記念するために作られたものでしょう。「ピアモント・モルガン・ベルガモ版」は、「悪魔」と「塔」を除く20枚が現存しており、マルセイユ・タロットと同じ主題でセットが作られていることが分かります。

しかしながら、**図像表現はマルセイユ版と大きく異なっており、スピリチュアルなメッセージ性が希薄**といえます。

◆マルセイユ版（15世紀末—16世紀）

マルセイユ・タロットの制作は、1500年前後なので、ルドヴィーコ・スフォルツァ（1452－1508）のミラノ統治時代（1494年にミラノ公）と考えられます。

しかし、多くのカードにおいて、絵柄が極めてルネサンス的であることを考慮すると、「制作地はミラノではなく、フィレンツェだったのでは」、または、「フィレンツェから制作者が招聘されたのでは」という想像もできます。

フィレンツェは、15世紀ルネサンスの中心地で、グノーシス主義の知見が集積しており、13世紀にはイタリア最大のカタリ派拠点であったので、十分可能性はあるでしょう。

いずれにせよ、重要なポイントは、次の3点です。

① カード制作者は、「神は天上ではなく、私たち人間ひとりひとりの中に存在する」という「グノーシス主義・カタリ派」の教えにならい
② 「自己を内省し、自分の中に存在する神と出会う」ツールとしてタロットを考案
③ ルネサンスや古代の図像を借りて、スピリチュアル・メッセージを封印した

これが、「マルセイユ・タロットの正体」ではないかと、私は考えます。

3 カード番号は「数秘術」にしたがっている

「数秘術」とは、「数には意味がある」という考えに立ち、運勢などを占う占術です。

今から2500年ほど前、古代ギリシャの数学者・哲学者ピュタゴラス（紀元前582－前496）が考え出したものとされており、古代の神秘思想を重視したルネサンスの知的風土の中で、占星術、錬金術などと一緒に「復興」されました。

マルセイユ・タロットの大アルカナについては、各カードの番号は「数秘術」を継承しつつ、その「数秘」が「絵柄の意味」と一致しています。

つまり、大アルカナは、**番号を見ればカードの意味が分かる**ようにできているのです。

ただし、2桁番号は、1桁目の数字が「数秘」に対応すると考えます。

たとえば、タロット番号「11、21」は、数秘「1」に対応します。

次表は、「数秘」と「大アルカナの番号・意味」の対応関係を示したものです。

数秘（数字の意味）		大アルカナ・意味	
0	可能性・霊性	00 愚者 10 運命の輪 20 審判	可能性・チャレンジ／自由・自然体 チャンス到来・可能性が開ける／好転する 良い知らせがくる／気づきが得られる
1	創造	01 魔術師 11 力 21 世界	クリエイティブ・霊感がはたらく・臨機応変 困難を克服する／受け入れる・育てていく 到達・完成・全体／無限大／調和・統合
2	相反・受容	02 女教皇 12 吊るし人	バランス感覚に優れた・内省を深める 試練／視点を変える・執着を手放す

3	生命・表出	03 女帝 13 死	母性が強い・感情が豊か・喜び／繁栄 終わりを迎える・リセット・再生・刷新
4	安定化	04 皇帝 14 節制	リーダーシップ・強い意志／経験から学ぶ 節度・流れに沿う／バランス・協調・中庸
5	逸脱・統合	05 法王 15 悪魔	統合・権威・規範／形式的・保守的 何かに囚われている・執着・依存／欲望
6	神の意志	06 恋人 16 塔	共感・直感にしたがう・正しい選択・純愛 想定外のトラブル／考えが一変する
7	未知の探求・洞察	07 戦車 17 星	本質をつかむ・アクティブに行動する 希望／願いがかなう／理想を追い求める
8	影響力	08 正義 18 月	正しい判断・妥当な結果となる・あるべき姿 心が揺れ動く／不安／見通しがきかない
9	叡智・高潔	09 隠者 19 太陽	深い智慧・内省・教え導く／精神的な成長 物事が明るみに出る・満足／達成／純粋

4 「大アルカナ」22枚がつくる螺旋マンダラ

ほとんどの解説書には書かれていないのですが、**大アルカナの順序には意味があります。**

各カードがページとなり、全体で22ページの本（物語）を構成しているともいえます。

【図2】は、このストーリーを「螺旋マンダラ」として視覚化したものです。

プレイヤー（主人公）は「00」。

カードは「01」から出発し、右回りの円を描いて「10」に至ります（第1ラウンド）。

つづいて「11」から再出発し、外側の円を描いて「21」に至ります（第2ラウンド）。

グレーの10本の「指」は、10個の「数秘」を表しています。


このストーリーを、オペラ仕立ての「人生絵巻」として描くと次のようになります。

◆**第1幕**

【家庭】幼児（00愚者）が、少年（01魔術師）、思春期の乙女（02女教皇）になっていきます。
その成長を、母・妻（03女帝）、父・夫（04皇帝）が見守ります。

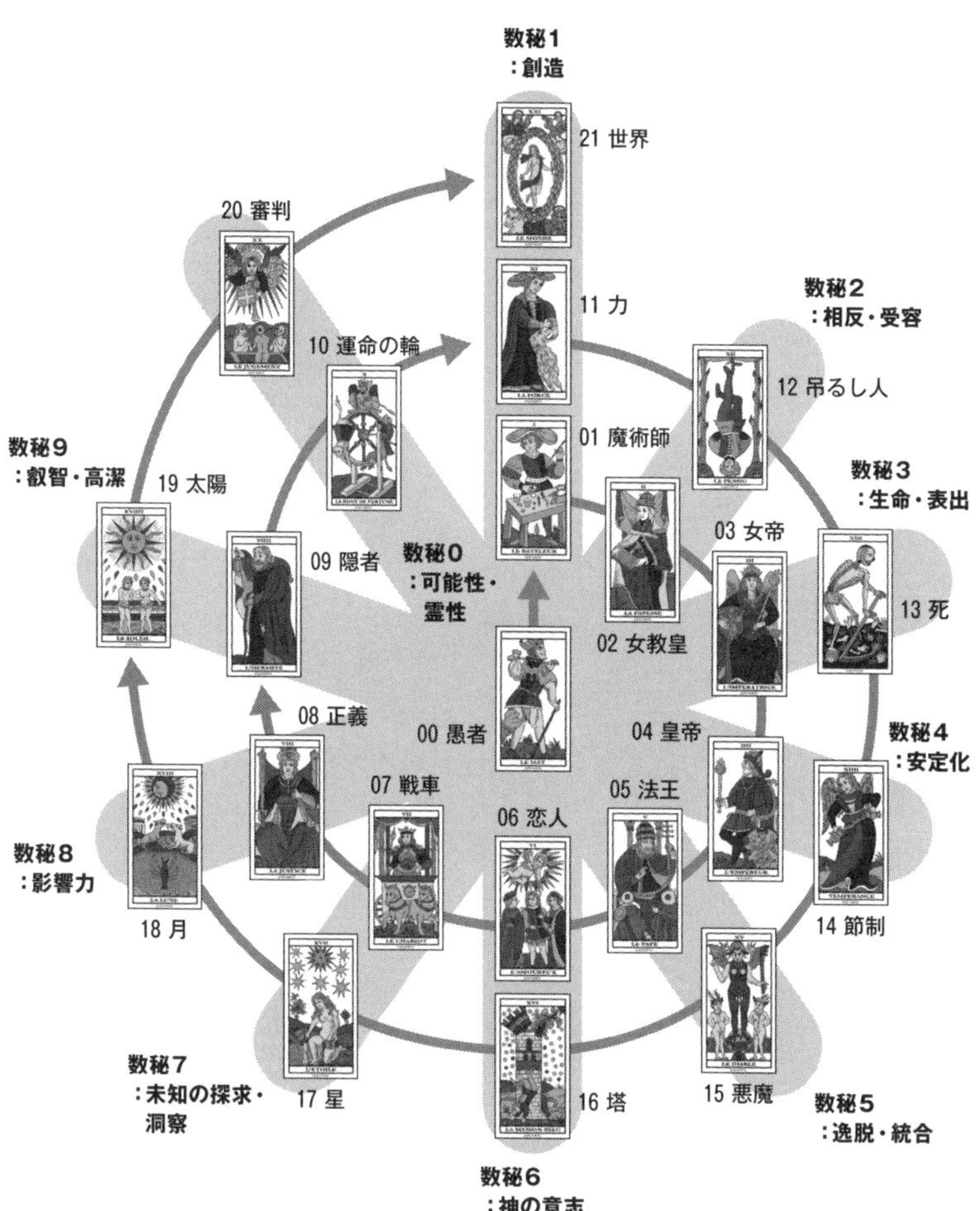

【図2】
マルセイユ・タロット「大アルカナ」22枚の螺旋マンダラ

【社会】大人になり社会に出ると、教師・規範（05法王）の支配下に入り、恋愛・結婚（06恋人）し、仕事（07戦車）に就いていきます。その営み・成果は評価・裁定され（08正義）、やがて引退を迎えます（09隠者）。

【間奏曲】世俗の役目を終えた主人公は、人生いろいろだったことを回想しつつ、第2幕が準備されることになります（10運命の輪）。

◆第2幕

【人智】スピリチュアルな人生に向け、再奮起（11力）。しかし、なかなかうまくいかず、頓挫しながら視点を変えてみたり（12吊るし人）、心機一転したり（13死）の果てに、流れに任せて（14節制）みますが、誘惑に囚われて（15悪魔）しまいます。

【天理】人智は脆く・儚い（16塔）ことを知り、星に願いをかけます（17星）。潜在意識に不安を抱えつつ（18月）、モヤモヤとした想いはやがて晴れ（19太陽）、最後に、気づき（20審判）に至ります。

【フィナーレ】この世は完全無欠であること（21世界）を悟りつつ、次なるステップへのゲートをくぐります（再び、第1幕に戻ることになります）。

この「螺旋マンダラ・人生絵巻」は、「PART3」の内容と連動しています。カタリ派は、このストーリーに沿いつつ、さらにディープなメッセージを封印しました。詳しくは「PART4」をご覧ください。

5 カード名の語源（英語・仏語・伊語）

タロット界ではほとんど知られていないのですが、**カード名（英・仏・伊語）の語源は、各カード本来の意味**を把握するのにとても役に立ちます。

英・仏・伊の単語の多くはラテン語（2000年ほど前）に遡れますが、本書では、さらに時代を遡（さかのぼ）って「インド・ヨーロッパ祖語（印欧祖語）」（4000-6000年ほど前に話されていたと仮定される古代語）の語源も調べ、カードの意味をお伝えしています。

たとえば、「00 愚者」の英・仏・伊語名である「The Fool」、「Le Fou / Le Fol」、「Il Folle / Il Follo」の共通語源は、「膨らませる」を表す印欧祖語の「*bhel-^{2}」です。

愚者のキャラクターのひとつは「宮廷道化師」ですが、さまざまな芸を披露して「場を膨らませる」役回りなので、前述の名前がつけられたと考えられるわけです。

PART 3

「大アルカナ」22枚のスピリチュアル・メッセージ

01 魔術師（まじゅつし）

霊感と知性、双方のパワーを駆使して現実を「創造」する

The Magician（英）／ Le Bateleur（仏）／ Il Bagatto（伊）

❶計算高そうな視線
❷顔を右半身（左脳＝顕在意識）の方に向けている
❸大道芸人のような服装
❹身体を左半身（右脳＝無意識）の方に向けている
❺左手にワンド（杖）
❻「∞（無限大）」の形を描く帽子
❼テーブル上に、ナイフ（ソード）、カップ、コイン
❽左右両方向に向けられた足
❾３本脚のテーブル
❿場所は原っぱ

数秘 1 ▶	創造
正位置 ▶	クリエイティブ、霊感がはたらく、計算高い、理解力が鋭い、コミュニケーション力が高い、フットワークが軽い、臨機応変
逆位置 ▶	よく理解できない、気持ちを伝えられない、自分に自信がない　／　よく嘘をつく、ごまかす、表面だけをつくろう、言動が不一致

魔術師

Roots of the Card

美術史から推定される絵柄のルーツ

《月の影響：漁業・狩猟・農業の場面（写本『天球と惑星の解説』の細密画）》

1470年頃

【図3】

❶顔を右半身（左脳）の方に向けている
❷大道芸人のような服装
❸左手にワンド（杖）
❹帽子
❺テーブルにカップ、コイン
❻左右両方向に向けられた足
❼３本脚のテーブル
❽場所は原っぱ

▶**作／クリストーフォロ・デ・プレディス（1440-1486）**
ミラノを拠点とするロンバルディア派の画家です。

▶写本は、32頁（見開き16紙面）で構成され、うち15頁分が挿絵に充当。
▶第４から第10紙面には、「七惑星と支配星座」が左頁に、「天体の影響下にある人間活動」が右頁に描かれています。この絵は、第10紙面（月・蟹座）の右頁にあたり、「月の影響：漁業・狩猟・農業」がテーマ。
▶魔術師が描かれているのは、「魔術は魚・動物・植物といった生命同様に神秘的な力で、月の影響下にある」と考えられたためでしょう。

このカードのテーマ

◆テーマ①…魔術を操る大道芸人

大道芸人のような衣装の若い男性が、原っぱにテーブルを広げています。

左手にワンド（杖）、右手にコインを持ち、テーブルの上には数枚のコインのほか、ナイフ、カップなどの小道具が置かれています。

これらは、小アルカナ4組のスート（Suits）、つまり、杖（ワンドWands）、ナイフ（ソードSwords）、カップ（聖杯Cups）、コイン（硬貨Coins）に対応しています。

つまり、このカードは、小アルカナ56枚を含めたタロット全78枚のスタートに当たります。

また、小道具は、杖（＝火）、ナイフ（＝風）、カップ（＝水）、コイン（＝地）のように、古代ギリシャ哲学の四元素を示し、主人公が「**魔術師**」であることが明示されています。

魔法の「杖」を左手に掲げている様子から、彼の魔力が右脳＝無意識のはたらき、つまり、生まれつき持っている能力、霊感であることが分かります。

実際、カードの原典と考えられる15世紀の細密画**【図3、4（全体）】**では、魔術師は、無意識の象徴「月」をテーマにした絵の中に描かれています。

一方、右手の「コイン」は、左脳＝顕在意識のはたらきを象徴。お金を生み出し、操る現世的な力を備えた計算高い人物であることの暗示です。

そして、身体を左半身（右脳）の方に捻じり、顔を右半身（左脳）の方に向けたポーズは、無意識と顕在意識の両方が全開になっていることの表れ。

帽子の異様に大きい「つば」は、捻じれて「∞（無限大）」の形を描いています。

さらに、このテーブルには脚が3本しかありません。4本で安定するはずの脚が、3本しかないのは、**数秘「3」の表出・生命**を象徴しているためです。

魔術師（＝奇術師・手品師）は、**奇跡**を起こして観客を驚かせるプロ**【図5】**。

このカードでも、「**創造神**」のごとく立ち振る舞う存在として描かれています。

◆テーマ②…魔術師シモン（シモン・マグス）

中世ヨーロッパでは魔術と科学に区分はなく、16世紀にガリレオ（1564－1642）が実証主義を唱えるまでは、天文学と占星術も未分化でした。〈13世紀においては、魔術とキリスト教も密接に結びついており、たとえば、洗礼は、溺れたり、狼に食われたりすることから人間を守る儀式〉[1]でした。

そうした儀式を執り行うのは「司祭」で、彼らは事実上の「**魔術師**」だったわけです。

実際、キリスト教最初期の様子を描いた新約聖書『使徒行伝』には、「**魔術師シモン**（シモン・マグス）」【**図6**】という人物が登場します。

シモンは、1世紀頃のサマリア（パレスチナ地方中部の都市）で活躍した魔術師で、キリスト教の異端思想のひとつにあたる「グノーシス主義」の開祖ともいわれています。

シモンには多くの信者がいましたが、使徒（初期キリスト教の指導者）のフィリポ（4頃－80）から洗礼を受け、キリスト教に改宗。

しかし、使徒ペトロ（不詳－68頃）とヨハネ（6－100頃）が宣教に訪れたときに、聖霊を授ける2人の様子を見てその霊力が欲しくなり、お金で売って欲しいと持ちかけ、叱責を受けます。

そうした行為にちなんで、聖職売買は「シモニア（英：Simony）」と呼ばれます。

キリスト教信者でありながら、ヘルメス主義者（＝思考的な探求者）。

また、篤信に努める義務がありながら、カネで魔力を買おうという厚かましさ。

シモンのどっちつかずの立ち位置は、「魔術師」カードの絵にも表れています。

身体を左半身（右脳、霊感）の方に向け、顔は右半身（左脳、知性・自我・現世欲）方向を注視。

左右に向けられた両足は、フットワーク軽く両方向に踏み出せそうです。

◆テーマ③…グノーシス主義

魔術師が魔力を発揮するためには、自我の制約をいかに超えるかが、課題でした。

聖職売買とは対極にある神聖なタスクをクリアしなければならなかったのです。

イギリスの思想史家フランセス・イエイツ（1899－1981）は、〈人間は自らの内に神聖な力を持った魔術師で、天と地を結びつける神秘のパワーは異端**グノーシス派**に受け継がれた。その教えによると、人間はかつて神として存在し、知性の力で再び神の存在に戻ることができる〉[2]と記しています。

左手（右脳側）で「杖（ワンド）」を上げる魔術師は、天上の**スピリチュアルパワー**を呼び下ろす動作を表現していると解釈できます。

◆テーマ④…創造神の魔法の杖

魔術師の「**杖（ワンド）**」の由来は、メソポタミア神話で天空の神、**創造神**、最高神とされる「アヌ」（シュメールでは「アン」）の持ち物が原型です。

大地の女神「キ」を配偶者とし、多くの神々（「アヌンナキ」と総称）を生み出しました。

アヌ（アン）はしばしば、王冠を被り、王杓や杖を持った男性の姿で描かれます**【図7】**。

カードの語源

英語名「Magician」の通り、主人公は「魔術師」ですが、「奇術師・手品師」とも翻訳でき、語源は、印欧祖語「*magh-[1]（能力がある）」です。

仏語名「Bateleur（大道芸人・手品師・軽業師・道化師）」の語源は、印欧祖語「*bheu-（存在する、建てる・作る・編む）」と考えられます。

伊語名「Bagatto（魔術師・奇術師・手品師）」の語源は、一説によると印欧祖語「*bhag-（分け与える）」で、ロシア語の「бог／bog（神）」に古代の音が残っています。

このように、英・仏・伊語のカード名は、それぞれ語源が異なるものの、いずれも、「何かを生み出す力」を持った神秘的な存在を表しています。

最初に、魔術師は「創造神のごとく立ち振る舞う存在として描かれている」と説明しましたが、このことは、カードの語源からも裏付けられます。

数秘「1」の意味

数秘「1」は「**創造**」の意味を持ちます。

同時に、「1」は**開始**を示し、「01 魔術師」はスピリチュアルな旅のスタートに立つ若い男性です。

また、**自我（=1）**の存在として**出発**した「01 魔術師」は、最終的に「0=無・自我の滅却・悟り」に到達。それを体現するのが「00 愚者」です。

右手に持った「コイン」は円形、つまり「0=完全」を暗示し、カードの中央に描かれています。

「01 魔術師」にとっての世界の中心に「00 愚者」がおり、そこが彼の帰るべき点なのです。

他にも、次のような類比点があります。

・「1」の目線は「訝しげに下向き」、「0」の目線は「希望に満ちて上向き」。
・「1」の靴の黄色は「知性」、「0」の靴の赤色は「火=変容」を象徴。
・「1」は「未熟で若い」男性、「0」は髭を生やし、「経験と年齢を積んだ」男性。

リーディングでの解釈

◆正位置の場合

ひとを言葉巧みにあざむく魔術師は、**クリエイティブ、霊感がはたらく、計算高い、理解力が鋭い、コミュニケーション力が高い、フットワークが軽い、臨機応変**といった象意を表します。

このカードは、「一歩踏み出すべき」場面でよく登場。

恋愛や仕事のパートナーとの会話で「話題を切り替えてみる」、新しいビジネスを考えているときに「トライ・アンド・エラーで前に進める」といった具合にリーディングを行うとよいでしょう。

◆逆位置の場合

反対の意味として、**よく理解できない、気持ちを伝えられない、自分に自信がない、**正位置の悪い側面として、**よく嘘をつく、ごまかす、表面だけをつくろう、言動が不一致**という解釈になります。

コミュニケーションをとっているのに、「相手はよく理解していない」といった状況を表します。

【図4】
《月の影響：漁業・狩猟・農業の場面（全体）》

【図5】
《奇術師》ヒエロニムス・ボスまたはその工房、1496－1520年

【図7】
アッシュル・ナツィルパル2世、作者・年代不詳

【図6】
シモン・マグスの浮彫（トゥールーズ、聖セルナン大聖堂・ミエージュヴィル門）、作者不詳、11－12世紀

02 女教皇

現世の「矛盾」を「受け入れ」、バランス感覚で乗り切る

The High Priestess（英）／ La Papesse（仏）／ La Papessa（伊）

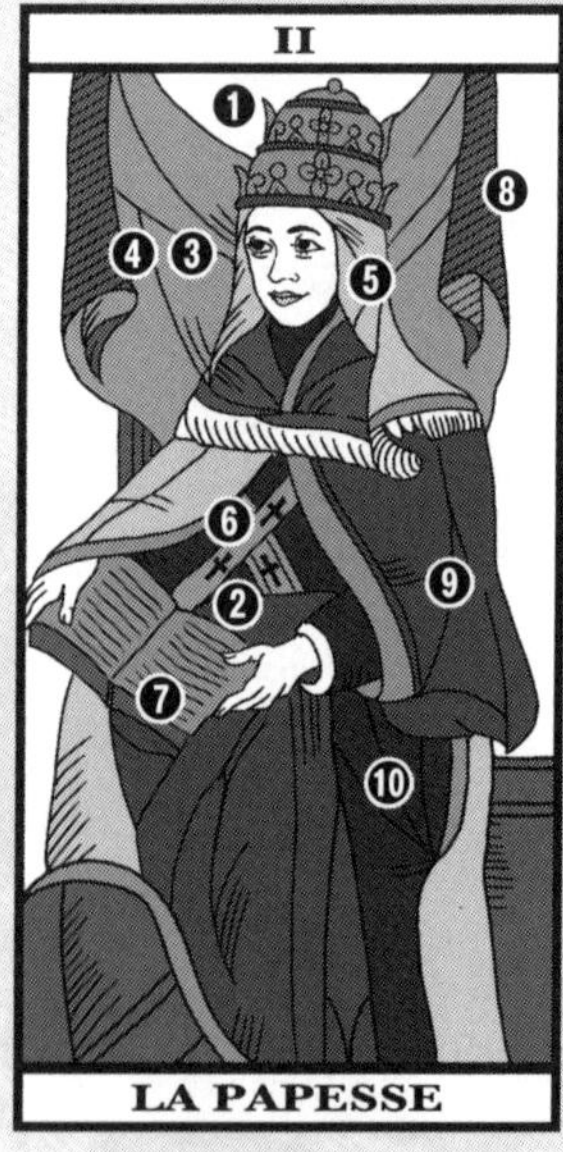

❶三重冠＝教皇
❷三十字＝教皇
❸視線は宙を漂う
❹左（過去）を向いた視線
❺白っぽい頭巾・白い肌＝処女性・純潔性
❻クロスした「襷（たすき）」＝謙虚さ
❼開かれた聖書
❽ヴェール＝秘蹟の象徴
❾赤いマント＝感性・感情
❿青いマント＝超越性

数秘 2 ▶	相反・受容
正位置 ▶	思慮分別のある、バランス感覚に優れた、知識欲が高い、直感にしたがう、洞察力がある、内省を深める、慎重に考え行動する
逆位置 ▶	極端で偏った考え方、軽薄な行動、反省しない、他人の話を受け入れない　／　慎重すぎる、頑固、保守的、閉鎖的、神経質、悲観的

Roots of the Card

美術史から推定される絵柄のルーツ

《受胎告知》

1426年頃

❶鳩＝聖霊、聖なる光
❷神の言葉を伝える大天使ガブリエル
❸メッセージを受容するマリア
❹視線は宙を漂う
❺開かれた聖書
❻ヴェール＝秘蹟の象徴
❼青いマント＝超越性

【図8】

▶作／フラ・アンジェリコ(1395頃-1455)
15世紀前半のフィレンツェを代表する画家。後期ゴシック美術の精密な細部描写と、ルネサンス的な線遠近法が融合しています。

▶精霊の象徴「鳩」を通して聖なる光が処女マリアを照らし、大天使ガブリエルが神の言葉を伝えています。彼女は読書をやめ、メッセージを受容して従順に身体を折り曲げています。
▶マリアが着ている「青いマント」は超越性を表し、「開かれた書物」は、聖書に書かれた「奇蹟」がじっさいに起きていることの象徴。
▶左端、庭園を歩むアダムとイヴは、マリアの「処女性」を表現【図10】。

このカードのテーマ

◆**テーマ①…女教皇**

冠をつけ、ゆったりとした衣服に身を包んだ女性が書物を持ち、静かに座っています。「3重の冠」、胸元に覗く襷(たすき)に付いた「3つの十字」は、「**教皇**」の印。

背景にかかっている「ヴェール」は、この情景が「秘密」であること、修道女や尼が被る「白っぽい頭巾」は、彼女が「**処女**」であることの暗示。

これらは、カードの主人公が秘密の「**女教皇**」であることを示しています。

◆**テーマ②…読書するマグダラのマリア**

この主人公のように、「読書する女性」は、14世紀以降に定番化した絵画モチーフで、そのなかに、「**読書するマグダラのマリア**」というテーマがあります【**図9**】。

マグダラのマリアは、イエス・キリストの随行者のひとりで、彼が十字架にかけられるのを見守り、磔刑(たっけい)後の遺体に塗る香油を持って墓を訪れ、その復活も見届けた女性でした。

『ルカの福音書』には、「7つの悪霊を祓ってもらったマグダラの女と呼ばれるマリア」という記述があることから「罪の女」と同一視され、かつては娼婦であったものの、キリストと出会ったことで、自らの性的不品行を悔い改めたとされています。

「読書するマグダラのマリア」は、「改悛し、内省を深める」姿として描かれます。

美術史の視点で考えても、マグダラのマリアは、「聖母マリア」(=キリストの母)と並ぶ重要人物で、超越的存在の「聖母」が「青や紺色」の衣やマントを着ているのに対し、世俗の感性・感情の象徴である「マグダラのマリア」は、しばしば「緑色」の下衣、「朱色」のマントを身につけ、多くは豊かな金髪を見せ、香油壺とともに描かれます。

◆**テーマ③…受胎告知を受ける聖母マリア**

主人公が持っている「書物」は「知性」の象徴で

すが、紙面から目を上げて虚空を見つめる視線は、なにかにハッと気づき、「**啓示**」を得たことを表しています。

この情景を表すテーマに「**受胎告知**」があります**【図8、10（全体）】**。『ルカの福音書』のエピソードで、処女マリアがキリストを妊娠したことを大天使ガブリエルが告げ、彼女がそれを**受容する**出来事です。

なお、女教皇の「書物」の右ページには8行、左ページには9行、合計「17行」の文字が書かれています。「17」は、「17星」カード、つまり、「**未知の探求・洞察**」の象徴です。

◆テーマ④…伝説の女教皇ヨハンナ

「表の歴史」では、「女性の教皇は存在しない」とされていますが、**ヨハンナ（ジョヴァンナ）という女教皇**がかつて在位（８５５－８５７）[3]し、「処女であるはずの彼女が突如出産した」**【図11】**という伝説が、次のように残っています。

・教皇や司教のリストにはない男装の女性。ある日、馬上で、彼女は子を産み落とした。[4]（ジャン・ド・マイイ、１２５５頃）

・教皇位にある間に彼女は愛人の子を身籠った。コロッセオから聖クレメント教会に向かう細い路地で彼女は出産した。[5]（オパヴァのマルティン、１３００頃）

・ラテラノ教会に向かう途中、陣痛に襲われ、２年１か月と４日間座り、その場所で死んだ。[6]（バルトロメオ・プラティナ、１４７９）

当時、ローマ教皇庁と神聖ローマ帝国の対立が激化しており、神聖ローマ皇帝は自らの政治意図を実現するため、しばしば「対立教皇」を立てることで教皇を脅かしました。

「女性が教皇となり、（処女であったならまだしも）懐妊・出産した」というスキャンダルは、そのような、反カトリック的な風土のなかで人気を得たものと思われます。

１６０１年に教皇クレメンス8世がこの伝説をわざわざ「否定」[7]したことは、「**女教皇ヨハンナ**」にかえって信憑性を与えることになりました。

カードの語源

英語名「High Priestess」の原義は、「高位の女性聖職者・司祭」（-ess は名詞の女性形）です。

「Priest（聖職者・司祭）」は、古代ギリシャ語「πρέσβυς / présbus（年長の）」に由来し、印欧祖語「*per-^{1}（前の・最初の）」が語源です。

一方、仏語名「Papesse」、伊語名「Papessa」は、「05 法王」の仏語名「Pape」、伊語名「Papa」の女性形（-esse, -essa）。

ラテン語「papa」、古代ギリシャ語「πάππας / páppas」に由来し、「パパ（父親）」が原型。「庇護者」という意味の「パパ」が転じて、「教皇」→「女教皇」を示すようになったのでしょう。

数秘「2」の意味

数秘「2」は「**相反・受容**」の意味を持ちます。

中世数秘術では「2」は人間の**二元的性質**、すなわち、「**魂・肉体**」を表していました。

この二元論は、「私たちの『魂』は天上の王国で造られたものの、『肉体』によって現世に縛り付けられている」という考え方からきており、グノーシス主義やカタリ派の教義にも通じています。

リーディングでの解釈

◆正位置の場合

マグダラのマリア（＝娼婦と内省）、女教皇ヨハンナ、聖母マリア（＝処女と出産）は「**相反**」、受胎告知（＝知性と啓示）は「**受容**」を象徴しており、「**相反・受容**」から、**思慮分別のある、バランス感覚に優れた、知識欲が高い、直感にしたがう、洞察力がある、内省を深める、慎重に考え行動する**といった象意が生まれます。

「02 女教皇」は、「二律背反の板挟みになって身動きがとれない、どうしていいか分からない」ときに現れるカードです。

たとえば、不倫関係にあるパートナーと頻繁に会いたいのに、家庭のことを考えると躊躇（ちゅうちょ）してしまう。

2年間ラブラブで、逢えば毎回アツアツの彼が、LINEの既読スルーを連発するようになった。

独立・起業したい一方、収入の不安定を危惧。

仕事でキャリアを築いてきたけれど、本来のミッションと違うのでは、という気持ちになっている。

そんなとき、「白か黒か」ではなく、「いったん距離を置き、相手の行動変化を観察しよう」、「兼業を考えよう」といったメッセージを伝えてくれます。

◆逆位置の場合

反対の意味として、**極端で偏った考え方**、**軽薄な行動**、**反省しない**、**他人の話を受け入れない**、正位置の悪い側面として、**慎重すぎる**、**頑固**、**保守的**、**閉鎖的**、**神経質**、**悲観的**という解釈になります。

逆位置カードが出た場合、夫と義母で意見が対立しているような局面では、「偏ることは禁物」と解釈し、「第三者から知見を得る」などして、「バランス」を大事にしましょう。

【図9】
《読書するマグダラのマリア》ピエロ・ディ・コジモ、1490－1495年頃

【図10】
《受胎告知（全体）》

【図11】
出産する女教皇ヨハンナ、作者不詳、1539年

03 女帝（じょてい）

母性と愛情で、ものごとに「命」を吹き込み、繁栄を生み出す

The Empress（英）／L'Impératrice（仏）／L'Imperatrice（伊）

❶王冠
❷豪華な胸飾り
❸右（未来）を向いた視線
❹右手（男性性）で抱えた「鷲」の紋章の盾
❺女神の翼のような玉座の背
❻若草＝生命力
❼白い蛇＝清浄な智慧
❽赤い衣服＝感性・感情
❾左手（女性性）で宝珠のついた王笏を持ち、重さを腹部で支えている
❿黄金で飾られた玉座
⓫堂々とした姿勢の座位

数秘 3 ▶	生命・表出
正位置 ▶	霊性が高い、母性が強い、愛情深い、感情が豊か、喜び、快楽 ／ クリエイティブ、結婚、妊娠、出産 ／ 繁栄、成功、勝利、満足
逆位置 ▶	不調、不満、恋愛の破綻、失敗、嫌いなできごと、情緒不安定、寂しい思い ／ 快楽に溺れる、パートナーに依存、浪費、マンネリ化

Roots of the Card

美術史から推定される絵柄のルーツ

《ロシア皇帝エカチェリーナ２世》

1760年代

❶王冠
❷王笏
❸豪華な胸飾り
❹右手(男性性)の下にある「鷲」の紋章のテーブル
❺黄金で飾られた玉座
❻堂々とした姿勢の座位

【図12】

▶作／アレクセイ・アントロポフ(1716-1795)
宮廷画家として、モスクワ、サンクトペテルブルク、キエフで活躍。肖像画等のほかに、王宮、教会の装飾も手掛けています。

▶肖像は、戴冠式（1762）から間もない頃のエカチェリーナ２世で、30代前半、絶頂期の女性像が華やかに描かれています。
▶王冠、王笏を携え、きらびやかな装飾品と衣装に身を包み、玉座に構えた姿は18世紀末、世界最強といわれた女帝にふさわしいもの。
▶アントロポフの肖像画のなかでもとくに絢爛豪華で、白・金の輝くような色調、繊細・優美なディテールは、ロココ様式の典型です。

このカードのテーマ

◆テーマ①…女性の皇帝

王冠を被った「**女帝**」が、世界の支配者を象徴する王笏（おうしゃく）を手にし、玉座に腰掛けています。

王笏の先端部は「宝珠（ほうじゅ）」といい、「球」は地上的な現実を、「十字架」は霊性・受動性を表しています。

つまり、主人公は、**地上の権力**と**霊性・受動性**の両方を備えた人物として描かれているわけです。

「画面右向きの視線」は未来を志向し、洞察力・創造力の持ち主であることを示します。

国家・都市・貴族・教会の権力を示す「鷲の紋章」も「未来志向（右向き）」であると同時に、「上方に羽ばたく」姿が好奇心を表現しています。

男性性の右手が抱える盾も、地上の権力を象徴。女性性の左手で王笏を持ち、重さを腹部で支えている姿は、受動性の暗示です（マルセイユ・タロットには、玉座の背を翼に見立て、「翼を持った女神」として霊性を強調している版もあり、本書のカード画像もそれを踏襲しています）。

右の足元の「紐状のもの」は「白い蛇」。白は「純潔・清浄」を、蛇は「智慧、地脈・女性エネルギー」を示すので、女帝は**清浄な智慧**をコントロールすることが示されています。

さて、史上名高い女帝は、**エカチェリーナ2世**（在位１７６２－１７９６）**【図12】**。

１７２９年に、北ドイツ（現ポーランド領）でプロイセン軍少将の娘として出生。

14歳のときにロシアに呼び寄せられ、2年後の１７４５年に1歳年上のピョートルと結婚。

16年後の１７６１年に、夫はピョートル3世としてロシア皇帝に即位しますが、統治能力に欠けたため、翌年にクーデターが起こり、「女帝」が誕生。

ポーランド、ウクライナ、クリミアに侵攻し、ロシア帝国の勢力を拡大させた彼女は、18世紀末、地上世界の支配者として世界最強でした。

感性豊かで文化芸術に深い理解を示し、欧州中から集めた美術品をサンクトペテルブルクのエルミタージュ離宮（5つの建物を合わせて１７６４年にエルミタージュ美術館として開館）に収蔵したほか、モスクワのボリショイ劇場（１７７６年開館）の建設も推進。

恋愛に精力的だったことでも有名で、数百人の愛人を抱え、孫のニコライ1世に「玉座の上の娼婦」といわれるほど、規格外の女性でした。

◆テーマ②…大地母神

カードの「女帝」は、生きている鷲を抱くかのように、その絵が描かれた盾を抱えています。また、右足元に生えている若草も、**生命力**を暗示。

これらのことから、主人公は、「**大地母神**（だいちぼしん）」を象徴しており、収穫、経済的な利益を表しています。

「大地母神」とは、大地の豊かさを体現する象徴で、**多産・肥沃**（ひよく）**・豊穣**（ほうじょう）をもたらす存在として、古代世界の各地で女神として神格化。シュメールの豊穣神イナンナ、ギリシャの大地の神ガイア、小アジアのキュベレー**【図13】**などが有名です。

キュベレーは、古代アナトリア（現在のトルコ）にあったプリュギア発祥で、紀元前6世紀から紀元前4世紀にかけてギリシャに移動し、紀元前２０５年にはローマに受容され、「マグナ・マーテル（大地の母）」として信仰されました。

◆テーマ③…勝利の女神ニケ

ニケ（ニーケー）は、ギリシャ神話の女神。

戦場を駆け巡り、勝者を選んで**栄光・勝利**を与える役割を持っており、ブランド名「Nike（ナイキ）」の由来はここにあります。

古い神々のティターン（巨神）族の生まれでしたが、新しい神々であるオリュンポス神族との闘いで、敵側に味方し、勝利した功績をリーダーであるゼウスから称賛されます。

天空神ゼウスの使者となったニケは、「有翼の女神」の姿で描かれるようになり**【図14】**、のちにローマ神話のウィクトーリア（英：Victory）に引き継がれました。

ちなみに、私たちが知る「天使や悪魔」には「2枚の翼」が生えていますが、聖書にその姿の記述はありません。ニケ、ウィクトーリアの影響でしょう。

カードの語源

カードの英語・仏語・伊語名は、「Empress」、「Impératrice」、「Imperatrice」で、「皇帝」を表す「Emperor」、「Impereur」、「Imperatore」の女性形(-ess, -ice)。

語源はどの単語も、印欧祖語の「*en（中に、…の状態にする）」＋「*pere-[1]（生み出す）」。

「生み出す状態にする人物」という意味が転じて、「皇帝」、「女帝」になりました。

数秘「3」の意味

数秘「3」は「**生命・表出**」の意味を持ちます。

数学では、「1」は0次元の「点」、「2」は1次元の「線」を表します（点が2つで線になります）。

点がもうひとつ加わり「3」になると、2次元の「平面」、つまり、目に見える**「形」が生まれます**。

また、男性的エネルギーの「1」と、女性的エネルギーの「2」から、**新しい命**「3」が生まれます。

喜びを自らに内包する**創造エネルギー**です。

つまり、「3」は、**拡がり・増加・創造性**の象徴。

さらに、「**三位一体**」を示し、**スピリチュアル**（霊的）なものすべてを象徴する数字でもあります。

リーディングでの解釈

◆正位置の場合

女性の皇帝、大地母神の資質から、**霊性が高い**、**母性が強い**、**愛情深い**、**感情が豊か**、**喜び**、**快楽**などの「**女性性**」を表しつつ、**クリエイティブ**、**結婚**、**妊娠**、**出産**といった「**生命・表出**」に関わる事柄を象徴します。

また、女神ニケから、**繁栄**、**成功**、**勝利**、**満足**といった象意が導かれます。

「03 女帝」カードが出たら、あなたが女性の場合、「彼はパートナーとして吉」、「恋愛が成就する」、「子宝に恵まれる」、「クリエイティブな仕事に向いている」などを表します。

あなたが男性の場合、「彼女は深い愛情を抱いている」、「パートナーとして満足している」、「プロジェクトが成功する」といった状況を表します。

◆**逆位置の場合**

反対の意味として、**不調、不満、恋愛の破綻、失敗、嫌いなできごと、情緒不安定、寂しい思い、**正位置の悪い側面として、**快楽に溺れる、パートナーに依存、浪費、マンネリ化**などの解釈が生まれます。

「03 女帝」の逆位置カードは、たとえば、恋愛の「破局・終わり」、結婚・夫婦生活の「不満」、ビジネスの「不調・失敗」などを暗示します。

また、物事がうまくいっているように見えるときに、恋愛や人間関係での「過剰依存」、仕事内容の「マンネリ化」など、注意喚起を表すメッセージとして現れます。

【図14】
《サモトラケのニケ》作者不詳、紀元前190年頃

【図13】
《大地母神キュベレー像》作者不詳、紀元前60年頃

04 皇帝(こうてい)

過去からも学びつつ、先見性と統率力で世界の「安定化」を目指す

The Emperor(英) ／ L'Impereur(仏) ／ L'Imperatore(伊)

❶右手(男性性)で持った王笏
❷兜の頭頂に差し込まれた「建築家のコンパス」
❸「麦」のかたちのネックレス
❹経験・実績を示す白い髭
❺左(過去)を向いた視線
❻左(過去)を向いた身体
❼「4の字」の脚＝安定化
❽立ち上がろうとする姿＝臨戦態勢
❾左手(女性性)はしっかりベルトを握っている
❿「鷲」の紋章の盾
⓫場所は野戦場

数秘 4 ▶	安定化
正位置 ▶	リーダーシップ、達成意欲、情熱、強い意志、先見性、自信、勇気、成功、実績、安定 ／ 内省、経験から学ぶ、過去を振り返る
逆位置 ▶	意志が弱い、あきらめが早い、行動が伴わない ／ 横暴、わがまま、強引、パワハラ、すぐにカッとなる、プライドが高すぎる

Roots of the Card

美術史から推定される絵柄のルーツ

《神聖ローマ皇帝フリードリヒ３世》

1490-1528年頃

【図15】

❶皇帝冠
❷右手（男性性）で持った王笏
❸「麦」のかたちのネックレス
❹「鷲」の紋章
❺左手（女性性）はしっかり玉座を握っている

▶作／ハンス・ブルクマイアー（1473-1531）

ドイツ・アウクスブルク出身のブルクマイアーは、後期ゴシックの装飾的伝統と、イタリア・ルネサンスの写実的表現を融合。

▶王冠とネックレスを身につけ、右手で王笏を持ち、左手を腰の辺りに添えて、横向きに腰かけたポーズは、カードの絵柄に酷似しています。

▶フリードリヒ３世（在位1452-1493）は、ドイツ王に選出された（1440）後、神聖ローマ皇帝として78歳の長寿を全うするまで、53年ものあいだ帝位を占有し続け、ハプスブルク家発展の基礎を固めました。

▶性格は控えめながら、困難な状況に辛抱強く立ち向かうリーダー。

このカードのテーマ

◆テーマ①…ローマ皇帝

男性が王笏を持ち、原っぱに据えられた玉座に腰掛けています。

王笏の先端の宝珠、「鷲」の紋章の盾は、「**皇帝**」の象徴です。

宝珠の球体（＝地上的な現実）を目線の高さに右手（＝左脳・男性性）で掲げ、「野戦場」の玉座から立ち上がろうとする姿は、臨戦態勢。

また、「舞い降りて大地を踏みしめている鷲」、兜の頭頂に差し込まれた「建築家のコンパス」は、皇帝が先験的な視点から**地上の社会を作り出す権力者**であることの表れです。

「麦」の形のネックレスは、収穫と成果の象徴。

身体・鷲が左（過去）を向いていることや、白い髭は、経験・実績を示し、左半身（無意識の側）を向けたポーズは、内面をさらけ出している暗示で、宝珠の十字架とともに、彼が**内省**を厭わない**霊性**の高い人物であることを表します。

以上から、「皇帝」カードには、理想的な指導者像が描かれているといえます。

このことは、本カードの数秘「4」が「**安定化**」を示すことからも裏付けられます。

さて、皇帝で思い浮かべるのは、ユリウス・カエサル（紀元前100－前44）【図16】。

ローマ共和政末期に将軍としてガリア遠征、ローマ内戦、エジプト遠征を勝ち抜き、帝政ローマへの礎を築きました。

英語読みは「ジュリアス・シーザー」です。

◆テーマ②…神聖ローマ皇帝

終身独裁官に昇りつめたユリウス・カエサルは、紀元前44年、腹心のブルートゥスらによって暗殺され、実際に皇帝になることはありませんでした。

その後、カエサル家の養子となって同家を継いだオクタウィアヌスが「アウグストゥス（尊厳者）」の称号を得て、初代ローマ帝国「**皇帝**」となります（紀元前27）。

その後、ローマ帝国は紆余曲折を経て、神聖ローマ帝国へと繋がっていきますが、その大まかな流れは次の通りです。

・ローマ帝国は、55代テオドシウス1世（在位379－395）を最後に、東西に分裂。

・西ローマは、67代ロムルス・アウグストゥス（在位475－476）を最後に滅亡。

・東ローマは、東西分裂後1000年近く（1453まで）存続。

・西ローマ滅亡後、西欧地域（今の独・仏・伊など）で覇権を握るのはゲルマン諸部族で、そこから台頭したフランク族が、フランク王国（481、メロヴィング王朝）を設立。

・次いで、ピピン3世（在位751－768）がカロリング王朝を開き、その子カールがローマ教皇レオ3世から帝冠を授けられ（800）、「**神聖ローマ帝国**」が誕生。

神聖ローマ帝国は、その後、オットー朝、ザクセン朝、ホーエンシュタウフェン朝、ハプスブルク朝などを経て、ナポレオン戦争に敗れたフランツ2世が退位（1806）するまで、約50人の「**皇帝**」を輩出しています。

たとえば、皇帝フリードリヒ3世（在位1452－1493）【図15】は、1440年、まずドイツ王に選出され、1452年にはローマ教皇から戴冠されて、**神聖ローマ皇帝**に即位。

当時としては異例の78歳まで生き、その間に息子をブルゴーニュ公国の公女と結婚させるなど、ハプスブルク家発展の基礎を固めました。

「王（King）」が、古代ゲルマン語の「血族・血縁（kuni）」に由来し、「血族の長」であるのに対し、「皇帝（Emperor）」は、血縁ではなく実力で勝ち取るトップリーダー。

複数の地域や国、民族の王を配下に持つ「王の中の王」でした。

神聖ローマ崩壊後は、フランス第1帝政のナポレオン、ドイツ帝国のヴィルヘルム1世、オーストリア＝ハンガリー帝国のフランツ・ヨーゼフ1世、ロシア帝国のピョートル1世、エカチェリーナ2世などが、ヨーロッパ諸帝国の「**皇帝**」を名乗りました。

カードの語源

英語名「Emperor」、仏語名「Impereur」、伊語名「Imperatore」の語源は、印欧祖語の「*en（中に、…の状態にする）」+「*pere-[1]（生み出す）」。

ユリウス・カエサル自身は皇帝ではなかったものの、彼の名「Caesar（カエサル）」は、後の帝政ローマで、「皇帝の称号」として使われていきます。

英語、仏語、伊語では、「Caesar（シーザー）、César（セザール）、Cesare（チェーザレ）」のように男子名になっていますが、独語の「Kaiser（カイザー）」やロシア語の「Царь / Tsar（ツァーリ）」は、今でも「皇帝」を意味する言葉です。

数秘「4」の意味

数秘「4」は「**安定化**」の意味を持ちます。

「3つの点」は2次元の「平面（目に見える形）」を生み出しますが、もうひとつ加わった「4つの点」は、3次元の「立体（三角錐）」を作ります。初めて、「**安定した物体**」ができるのです。

したがって、「4」は、**物質界**を象徴します。

つまり、カード番号「4」は、皇帝が物質界（地上）の統治者であることを物語っています。

また、「4の字」に組んだ脚は「一本足」に見えながら、じつは、椅子と盾で上体と片脚を支えており、どっしりと安定したポジションをとっています。

リーディングでの解釈

◆正位置の場合

地上世界のトップとして、**リーダーシップ**、**達成意欲**、**情熱**、**強い意志**、**先見性**、**自信**、**勇気**、**成功**、**実績**、**安定**を表すほか、過去（左方向）を見据える視線から、**内省**、**経験から学ぶ**、**過去を振り返る**という解釈ができます。

「04 皇帝」は、「弱気になっている」ときによく現れるカードです。

仕事の場面では、転職がうまくいくか不安、面接・商談に自信が持てない、起業してみたけれどビジネスの方向性が定まらず迷っている。

恋愛においては、彼・彼女が自分のことを好きなのかどうか、確信が持てずに不安。

そんなとき、「大丈夫、うまくいく」、「自ら主導権をとり、うまくいくようにリードしよう」、「失敗しても、その経験が役に立つ」と励ましてくれます。

◆逆位置の場合

反対の意味として、**意志が弱い**、**あきらめが早い**、**行動が伴わない**、正位置の悪い側面として、**横暴**、**わがまま**、**強引**、**パワハラ**、**すぐにカッとなる**、**プライドが高すぎる**といった象意が得られます。

恋愛・人間関係・ビジネスがうまくいかないときに逆位置の「04 皇帝」カードが出たら、「あきらめモードではないか」、「行動量が足りないのでは」、「プライドが邪魔していないか」など、自己を振り返ってみましょう。

【図16】
《馬上のユリウス・カエサル》アブラハム・ド・ブリュイン、1565－1587年頃

05 法王(ほうおう)

霊性で世界を「統合」しつつ、魔性で人倫から「逸脱」する

The Hierophant（英）／ Le Pape（仏）／ Il Papa（伊）

❶三重冠＝教皇
❷３重の教皇十字
❸両手の甲にマルタ十字
❹肌色（世俗性）の右手で祝福の印を切る
❺空色（霊性）の左手袋
❻ソロモン神殿の２本の柱
❼２本の柱、教皇、２人の使者の構図は、サイコロの５点「⁙」に対応＝数秘「５」
❽自分の未来（右）に向けた目は、使者など見ていない
❾御前に跪(ひざまず)く２人の使者

数秘 5 ▶	逸脱・統合
正位置 ▶	統合、権威、規範、オフィシャルな行動、正式な手続き、約束を交わす ／ 形式的、保守的、慣習に囚われる、世間体を気にする
逆位置 ▶	反道徳的、非人道的、常識から逸脱する、高圧的で上から目線、モラハラ、パワハラ、思いやりがない、独善的、エゴイスト

法王

Roots of the Card

美術史から推定される絵柄のルーツ

《「教令集成」を承認する教皇グレゴリウス9世》

1510-1511年

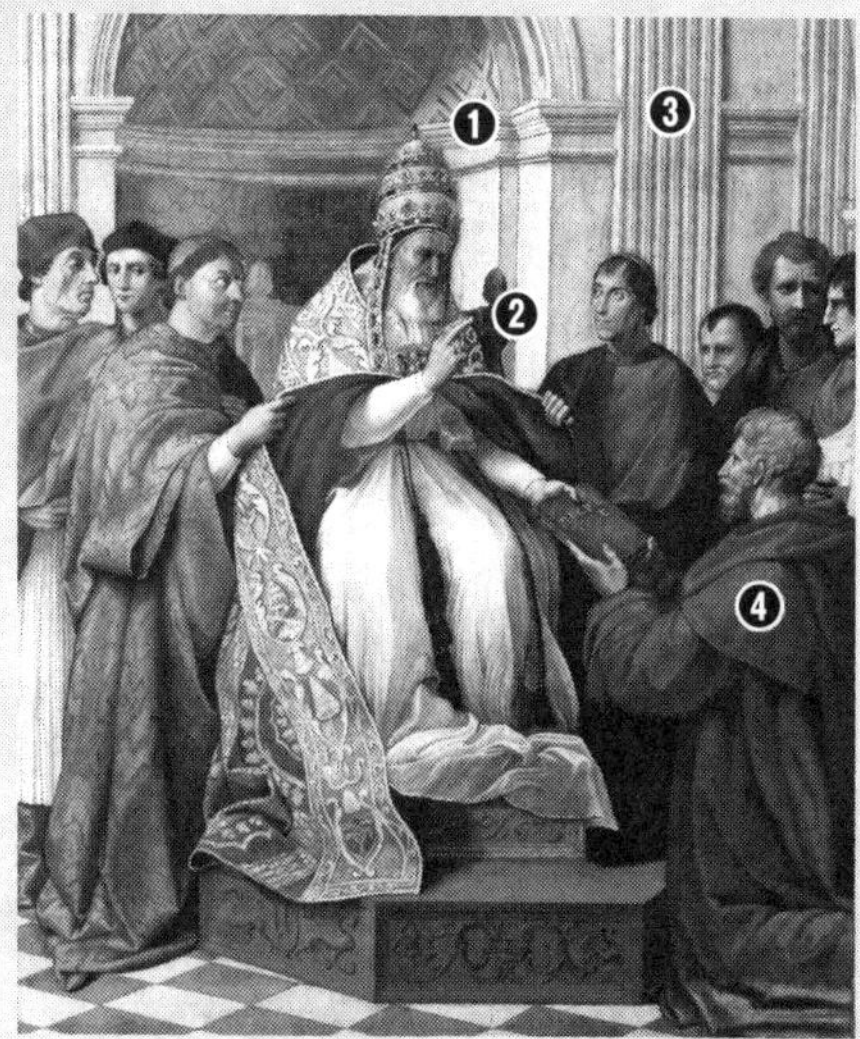

❶三重冠＝教皇
❷祝福の印を切る右手
❸古代神殿の様式の柱
❹御前に跪く使者

【図17】

▶**作／ラファエロ・サンツィオ(1483-1520)**
ルネサンス3大巨匠のひとり、ラファエロの作品。ヴァティカン宮殿「署名の間」にあるフレスコ画『枢要徳』の右下に描かれています。

▶法王座に座り、右手で祝福の印を切るポーズ、法王の御前に跪く使者、背景の柱など、カード図像と共通する要素の多い絵画です。
▶グレゴリウス9世は、中世以来の勅令などをまとめた『新版教令集成』を1234年に公布。異端審問の制度整備につながりました。
▶一方、カードのモデルは、インノケンティウス3世。アルビジョア十字軍を派遣させ、異端カタリ派の弾圧を推進しました。

このカードのテーマ

◆テーマ①…ローマ教皇インノケンティウス3世

ローマ教皇を象徴する「三重冠」を被った白髭の男性が**法王座**に座っています。

背もたれの2本の柱は、神殿の円柱を模しており、荘厳な空間を表現しています。「三重冠」は、人間の「精神・肉体・魂」を支配することの象徴。

左手の杖の先端にある3重の十字は、「教皇十字（パパル十字）」といい、三位一体（父・子・精霊）のシンボル。「02 女教皇」の襷（たすき）にある3つの十字に対応します。

この杖は、天上（＝神）の意思をキャッチし、地上の人間に伝達するアンテナです。

手袋の「空色」は**霊性**を表すと同時に、その**霊力は見せかけに過ぎない**ことを表現。

2人の使者に右手で「祝福の印」を切っていますが、視線は未来（画面の右）に向けられています。次の「06 恋人」カードのクーピドを見ているのかもしれません。

両手の甲の印は「マルタ十字」【図18】もしくは「テンプル騎士団」の紋章です。

あるいは、ローマ教皇の追及を逃れるために「マルタ十字」で偽装した「オクシタニア十字」（トゥールーズ伯の紋章）【図19】かもしれません。

2本の柱、教皇、2人の使者の構図は、サイコロの5つの点「⁙」に対応しており、このカードの番号が「5」であることを強調しているようです。

カードのモデルと考えられる**インノケンティウス3世**（在位1198－1216）は、ローマ法王庁全盛期の教皇。29歳で枢機卿（すうききょう）になり、37歳で教皇に選出された、バリバリのエリートです。

パリ大学で神学、ボローニャ大学で法学を学び、精神界・俗世界双方を治める術に通じていました。

自分の意のままにならない神聖ローマ皇帝（ドイツ王）オットー4世を破門にし、「教皇は太陽。皇帝は月」という言葉を残しています。

また、シチリア王フリードリヒ（後の神聖ローマ皇帝フリードリヒ2世）の後見人でもありましたが、「世俗の権力で満足し、くれぐれも精神界に首を突っ込むことはないように」と、皇帝の権力を牽制する手紙を送っています。

さらに、王妃離婚問題を起こしたフランス王フィリップ2世、カンタベリー大司教叙任問題で対立したイングランド王ジョンをも破門し、強大な教皇権を行使しました。

カタリ派の弾圧でも知られ、1209年、フランスから「**アルビジョア十字軍**」を派遣させて、異端派の根絶を図りました。

一方、清貧を唱えるフランチェスコの活動を許す先見性も有していました。

アッシジのフランチェスコ（1182－1226）は、「福音書」に書かれたキリストや弟子たちの行動に感銘を受け、仲間と宣教の旅をしていましたが、1210年、ローマでインノケンティウス3世に謁見して活動の許可を求め、公認された【**図20**】ことにより、フランチェスコ修道会が発足。

このカードで、教皇の前に**跪く人物**は、**フランチェスコと従者**と考えられます。

◆テーマ②…ローマ教皇グレゴリウス9世

グレゴリウス9世（在位1227－1241）は有能な法学者で、中世以来、交付された教皇の勅令などをまとめた『新版教令集成』を1234年に公布。これにより、司教の裁量であった異端審問の**手続き**が規範化され、制度が整っていきます。

最高権威の象徴である**法王座**に座り、御前に跪く使者に対し、右手で祝福の印を切る「法王カード」の絵は、教皇グレゴリウス9世が『教令集成』を承認する場面【**図17**】とも考えられます。

また、カタリ派の弾圧は継承しつつ、グスマンのドミニコ（ドミニコ会の創始者）、アッシジのフランチェスコ（フランチェスコ会の創始者）を列聖しています。

神聖ローマ帝国によるイタリア統一を企てた皇帝フリードリヒ2世と、シチリアなどをめぐる熾烈な闘争を繰り広げましたが、決着を見ることなく1241年に死去しました。

カードの語源

英語名「Hierophant」の原義は、「聖なるものを見せる人」です。

古代ギリシャ語「ἱερός / hierós（聖なるもの）」＋「φαίνω / phaínō（示す・見せる）」に由来し、その語源は、エトルリア語「esari（聖なるもの）」＋印欧祖語「*bhā-²（話す、告げる）」。

一方、仏語名「Pape」、伊語名「Papa」は、ラテン語「papa」、古代ギリシャ語「πάππας / páppas」に由来し、「パパ（父親）」が原型。

英語名の別名「Pope」も同様です。「庇護者」という意味の「パパ」が転じて、「教皇」を示すようになったと考えられます。

数秘「5」の意味

数秘「5」は「**逸脱・統合**」の意味を持ちます。「五芒星☆」は「霊性で地上を**統合**する聖職者」のシンボルですが、陰陽五行説の「五元素（木・火・土・金・水）の**相克・統合**」の象徴でもあります。

また、「☆」を一筆書きで描くとき、ペンは**離散・散逸**的な軌跡を辿ります。

さらに、ピュタゴラスの定理「$3^2 + 4^2 = 5^2$」にならうと、「03 女帝」と「04 皇帝」を統合した高次の存在が「05 法王」ということになります。

なお、「05 法王」が「15 悪魔」と同じ数秘「5」を持っているのは、異端カタリ派が「教皇は悪魔」と考えていたことの証左となります。

リーディングでの解釈

◆正位置の場合

カトリック教会のトップというキャラクターから、**統合、権威、規範、オフィシャルな行動、正式な手続き、約束を交わす**という象意が得られるほか、**形式的、保守的、慣習に囚われる、世間体を気にする**といった解釈が導かれます。

正位置の「05 法王」カードは、たとえば、夫婦生活がうまくいかない、ビジネスが滞っているようなシチュエーションで、「世間体や常識に囚われていないか」と、忠告を与えてくれます。

また、恋愛関係が長く続いていたり、不倫関係がマンネリ化したりしているときに、「そろそろ、きちっと結論を出すべき」と、アドバイスをくれます。

起業アイデアを実行に移すべきときには、「市場調査やテスト販売、契約関係などの手続きをしっかり踏もう」というメッセージと解釈しましょう。

◈逆位置の場合

正位置の悪い側面、たとえば、異端派や政敵に対する偏狭な姿勢、暴虐的な行為から、**反道徳的、非人道的、常識から逸脱する、高圧的で上から目線、モラハラ、パワハラ、思いやりがない、独善的、エゴイスト**という解釈が可能です。

たとえば、ビジネスや恋愛で「いけいけ」モードになっているときに逆位置が出たときは、「慢心は注意」というメッセージです。

【図18】
マルタ十字

【図19】
オクシタニア十字

【図20】
《教皇インノケンティウス３世に謁見するアッシジのフランチェスコ》ジョット・ディ・ボンドーネ、1296－1298年

06 恋人（こいびと）

「神の意志」にしたがい、理想と喜びを探し求める

The Lovers（英）／ L'Amoureux（仏）／ Gli Amanti（伊）

❶クーピド
❷矢は純潔女性（右）に向いている
❸男性の肩と下腹部付近に手を当て、口説きにかかる年長の女性
❹手を男性の心臓に当て、口説かれるのを押しとどめる若い女性
❺花の髪飾り＝純潔
❻脚は左右両方に開き、どちらへ歩み出すべきか迷っている
❼３人ともクーピドに気がついていない

数秘 6 ▶	神の意志
正位置 ▶	調和、協調、共感、絆が深まる、直感にしたがう、正しい選択、喜び、純愛、ラブラブな関係、理想的なパートナーが見つかる
逆位置 ▶	不調和、別れ、寂しい、判断ミス、選択を誤る ／ 優柔不断、決められない、感情のいいなり、誘惑に負ける、きちんと考えない

Roots of the Card

美術史から推定される絵柄のルーツ

《春》

1482年

❶クーピド
❷矢は純潔の女神(中央)に向いている
❸踊る三美神
❹３人ともクーピドに気がついていない
❺ヴィーナス(クーピドの母)

【図21】

▶作／サンドロ・ボッティチェッリ(1445-1510)
メディチ家からプラトン・アカデミーに招かれ、新プラトン主義を取り入れながら、ギリシャ神話を題材にして「春の到来の喜び」を制作。

▶クーピドを３人の女性の上部に移し、中央の女性を男性に替えて、画面の向こう側から観ると、カードのような構図になります。
▶クーピドは、下にいる女神ヴィーナスの子で、女神の意志を人間に指し示すメッセンジャー。この絵では、愛を取り持つ存在。
▶３人の踊る女性は、アグライア（Aglaia ／典雅）、エウフロシュネー（Euphrosyne ／歓楽）、タレイア（Thalia ／花の盛り）の「三美神」。

このカードのテーマ

◆テーマ①…迷う男性

若い男性の左右に2人の女性が立っており、手の動きを交えて会話しています。

男性は、自分の右側（左脳＝顕在意識側）の女性を見ており、その女性は、男性の肩と下腹部付近に手を当て、口説きにかかっているような様子です。

男性の左側（右脳＝潜在意識側）の女性は、左手を彼の心臓に当て、口説かれるのを押しとどめますが、男性は、左手でその制御を払いのける仕草を見せています。

2人の女性ですが、誘惑している女性は、赤い袖（＝悪魔の翼）の衣服をまとい、積極的かつ官能的な表情で描かれ、「**愛欲・俗愛**」を表現しています。制御している女性は、青い袖（＝天使の羽）の服、花の髪飾りを身につけ、清楚な表情を見せ、「**純潔・聖愛**」を表しています。

男性の脚は左右両方に開き、俗愛・聖愛どちらの方へ歩み出すか、**迷っています**。

上空を舞い、矢を構える「クーピド（英：Cupid キューピッド）」の存在には、3人とも気がついていないようです。

次に、カードに影響を与えたと思われるルネサンス絵画を2枚、観ていきましょう。

反ローマ（反教皇）のイタリア都市、フィレンツェとヴェネツィアの作品です。

◆テーマ②…ボッティチェッリ《春》

まず、フィレンツェ派のボッティチェッリの《春》（１４８２）**【図21、22（全体）】**。

クーピドを、画面左の「3人の女性」の上部に移動させ、中央の女性を男性に替えると、「恋人」カードのような構図になります。

クーピドは、女神ヴィーナス（クーピドの下）の子で、愛を取り持つ存在。いわば、**女神の意志**を人間に指し示すメッセンジャーです。

3人の踊る女性は「三美神」といい、ギリシャ神話の女神、アグライア（Aglaia／典雅）、エウフロシュネー（Euphrosyne／歓楽）、タレイア（Thalia／花の盛り）です。ローマ神話では、純潔（castitas）、愛欲（amar）、肉体美（pulchritude）に対応。

《春》のクーピドは、中央の女性（＝純潔）に矢を構え、彼女が青年神マーキュリー＝ヘルメス（原画では画面左端）と恋に落ちるよう、**女神の意思**を完遂しようとしています。

カードでも、クーピドの標的は「純潔女性に差し向けられた男性の左腕」で、彼に「純潔の女性」を選ばせる場面設定となっています。

さて、ルネサンス発祥の地フィレンツェは、カタリ派の主要拠点のひとつでした。

〈職人・商人の多くはカタリ派で、しかも貴族たちから支援も受けていました。

ある時、フィレンツェの支配者コジモ・デ・メディチ（１３８９－１４６４）は、「異端派が全員集まっているのだから少なくとも1名を火刑にせよ」という要請をローマの教皇庁から受け取ります。

コジモは、「1名が犠牲になれば、ほか全員が助かる」と言い聞かせてリーダーを集めました。そして彼の思惑通り、武力行使が避けられたのです(8)。

コジモは、古代エジプト起源の「ヘルメス思想」に基づいた「新プラトン主義」を導入し、学芸サークル「プラトン・アカデミー」の礎を築きました。

ヘルメス思想には、「グノーシス主義」が含まれており、グノーシス主義は、カタリ派同様、「霊肉二元論」を基軸にしています。

そうした事情があり、コジモはカタリ派に理解を示していたのでしょう。

ボッティチェッリの《春》は、そのようなスピリチュアル風土の中で生まれ、原画の画面左端のヘルメスは、ヘルメス思想の象徴と思われます。

また、クーピドが指し示す「純潔の愛」は、新プラトン主義にちなんで「**プラトニック・ラブ**」と呼ばれるようになりました。

◆テーマ③…ティツィアーノ《聖愛と俗愛》

次に、ヴェネツィア派、ティツィアーノの《聖愛と俗愛》（１５１４）【**図23**】。

ヴェネツィア共和国の総督書記官ニコロ・アウレリオの結婚を祝した絵画です。

「新婦」は、白いドレスを着た女性（画面左）です。本来、白いドレスは**純潔**の象徴ですが、華美な装飾が施され、両脚は淫靡（いんび）な開き方をしています。ドレスの下に見える赤い衣装は、彼女の本性である**愛欲**を表現しています。

赤いガウンを脱ぎ、白い布をまとった女性（画面右）は、「天から舞い降りた女神」。

ちなみに、ルネサンス美術では、裸体は**純潔**の表現でした。

つまり、「白いドレスの新婦は**俗愛**」、「赤いガウンの女神は**聖愛**」を表しています。一見、反対に思えるのが、この絵のユニークなところです。

新婦は「水盤」を抱えていますが、そこには水と薔薇の花が入っていたようです。

女神は「香炉」を手にし、薔薇がちりばめられた石棺の水をかき回すクーピドを厳しく監視。**「愛欲の色香」**を**「聖なる香り」**で**かき消そう**としているようです。

カードの語源

英語名「Lovers（恋人）」の「love（愛）」は、印欧祖語「*leubh-（思いやる・強く欲する・愛する）」に語源があります。

「make love」が「セックスする」を表すように、「love」は、性的な意味合いも含む単語です。

一方、仏語名「Amoureux」、伊語名「Amanti」は、どちらもラテン語「amare（愛する）」から派生した言葉で、その語源は、印欧祖語「*am-a-, *am-（母・叔母）」ではないかと考えられます。

数秘「6」の意味

数秘「6」は、「**完全・理想**」、転じて、「**神の意志**」という意味を持ちます。

まず、「6」は女性「2」と男性「3」の積。ピュタゴラス学派にとっては**結婚**の数です。

また、因数（1、2、3）を加える（1＋2＋

3）と、「6」自体になる**完全数**です。

さらに、「水の分子」、「雪の結晶」、「ハチの巣穴」など、自然界の形は、しばしば、最小エネルギーで最大効果を得るために「六角形」となっています。

まさに、**完全・理想**の象徴で、「ダヴィデの星✡（六芒星）」にも、そんな意味があるのでしょう。

リーディングでの解釈

◆正位置の場合

ボッティチェッリの《春》、ティツィアーノの《聖愛と俗愛》に描かれたクーピドが伝える「**神の意志**」から、**調和、協調、共感、絆が深まる、直感にしたがう、正しい選択、喜び、純愛、ラブラブな関係、理想的なパートナーが見つかる**といった意味を引き出せます。

たとえば、パートナーとハッピーな関係になれるか、マッチングアプリで相手が見つかるか、転職がうまくいくか、自分のビジネスで集客できるか、といった局面でこのカードが出たら、「望ましい展開を引き寄せるためのインスピレーションが降りてくるので、その直感に従うことがベスト」というメッセージです。

「すぐに理想がかなう」ことの表われではなく、「神の意志にしたがおう」という暗示なのです。

◆逆位置の場合

反対の意味として、**不調和、別れ、寂しい、判断ミス、選択を誤る**、正位置の悪い側面として、**優柔不断、決められない、感情のいいなり、誘惑に負ける、きちんと考えない**といった解釈になります。

理想をかなえるためには、どうしたらいいか。感情・思考・行動の三位一体が、「引き寄せ」を成功させるための必須条件です。

そうした条件が整っていない場合、逆位置カードが現れ、「判断ミス」や「優柔不断」に、警告を発してくれます。

【図22】
《春（全体）》

【図23】
《聖愛と俗愛》ティツィアーノ・ヴェチェッリオ、1514年

07 戦車

「未知の探求・洞察」を通じて、なんとか前に進もうと奮闘する

The Chariot(英)／Le Chariot(仏)／Il Carro(伊)

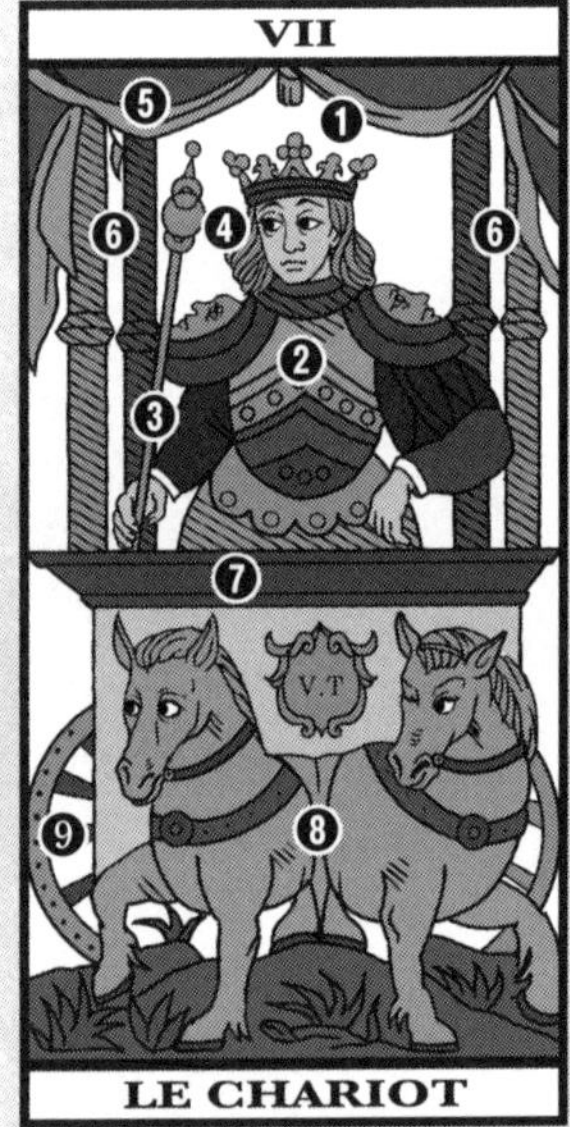

❶王冠
❷豪華な甲冑と肩章
❸右手(男性性)で持った王笏
❹左(過去)に向けられたアンニュイな視線
❺天幕は凱旋パレードの戦車を思わせる
❻「安定化」を象徴する 4 本の柱
❼古典建築にあるような縁飾り(オーダー)
❽足並みが揃わない馬
❾進路と直交方向についているため、進めない車輪

数秘 7 ▶	未知の探求・洞察
正位置 ▶	本質をつかむ、目標を定める、戦略を追求する、未来を洞察する、アクティブに行動する、障害を克服する、とにかく前進する
逆位置 ▶	弱気、不安、やる気が出ない、葛藤、迷い、道を見失う、挫折する　／　独りよがりになる、暴走する、衝動的になる、壁にぶつかる

Roots of the Card

美術史から推定される絵柄のルーツ

《ルキウス・アエミリウス・パウッルスの凱旋》

1789年

【図24】

❶凱旋パレードの様子
❷左肘(女性性)は椅子で支えている
❸右手(男性性)で持った王笏
❹馬の足並みが揃わず、なかなか進まない馬車

▶作／カルル・ヴェルネ(1758-1836)

フランス革命時代の画家ヴェルネは、幼少期から馬を描くことに熱中。その後、ナポレオン遠征などを描き、レジオン・ドヌール勲章を受章。

▶第3次マケドニア戦争の「ピュドナの戦い」(紀元前168)で、ローマ軍を率いる執政官ルキウス・アエミリウスが、ペルセウス王のマケドニア軍を破り、ローマに凱旋した様子が描かれています。対抗勢力500人を虐殺、多数の捕虜と財産をローマにもたらしました。

▶馬車上のアエミリウスは、右手で王笏を掲げ、左肘を曲げたポーズをとっており、正面から眺めると、カードのような絵柄になります。

このカードのテーマ

◆テーマ①…動こうにも動けない

「戦車」は、古代ギリシャ・ローマで「戦闘に使われた二輪馬車」のことを指します。

「**走る**」がテーマのようですが、本当の主題は、「**未知の探求・洞察**」です。

マルセイユ・タロットでは、王冠を被り、豪華な甲冑と肩章を身につけ、王笏（おうしゃく）を手にした若者が2頭立ての馬車に乗っています。

カード名は「戦車（チャリオット）」となっていますが、古典建築によく見かける縁飾り（オーダー）、正面のエンブレム、天幕を見るかぎり、実際の戦闘向きではなく、「凱旋式（戦勝記念パレード）で使われる馬車」のようです。

四角形のかっちりした車体、天幕を支える4本柱の「4」という数字は「安定」を示すことからも、若者は「権力の座」についている人物であることが分かります。

しかしながら、2つの車輪は車体の進行方向と平行ではなく、直交方向についており、スポークの色も異なります。2頭の馬の**足並みも揃わず**、左右バラバラに向いています。

このままでは、この戦車（馬車）は「**前に進めない**」ことは明らかです。

若者の表情もどこかアンニュイで、「未知の未来ではなく過去（＝右）」を向いています。

主人公のモチーフを深掘りするために、4つの美術作品を観てみましょう。

◆テーマ②…執政官ルキウス・アエミリウス・パウッルス

まず、共和政ローマの軍人・政治家で、ギリシャ地方のマケドニア王国との戦いで活躍した**ルキウス・アエミリウス・パウッルス**（紀元前229－前160）の「凱旋」**【図24】**。

馬車上のアエミリウスが、右手で王笏を掲げ、左肘を曲げたポーズをとっており、正面から眺めると、ちょうど「戦車」カードと同じ構図になります。

紀元前168年、コンスル（執政官）に選出され、第3次マケドニア戦争を**指揮**して勝利。対抗勢力500人を虐殺し、多数の捕虜と財産をローマにもたらしました。

◆テーマ③…ローマ皇帝マルクス・アウレリウス

次に、第16代**ローマ皇帝マルクス・アウレリウス**（在位161－180）【図25】。

治世の大半を、パルティア遠征（161－166）や、ゲルマニア遠征（162－180）に費やしました。古代ローマ時代のレリーフには、176年、遠征を終えた皇帝がローマへ帰還し、戦勝記念の凱旋式が執り行われた模様が描かれています。

リドリー・スコット監督の映画『グラディエーター』（2000）では、剣闘士マクシムス（ラッセル・クロウ）に全幅の信頼を寄せるアウレリウス帝を、名優リチャード・ハリスが演じました。冒頭の戦闘シーンは、ゲルマニア遠征を描いたもの。

ローマ軍は、ゲルマン族を背後から強襲して敵将を討ち取り、なんとか勝利を得ますが、倒れていく兵士たちを目にしながら、老境を迎えつつある皇帝は、「拡大し過ぎた帝国は、もはや領土を守るのが精一杯で、崩壊が近い」ことを「**洞察**」します。

学問を愛し、哲人君主でもあったアウレリウス帝は、マクシムスに軍拡の愚かしさと帝国の退廃を諭し、ローマ共和政の過去の栄光を回想し、そこから学んで「**未知への探求**」を目指す構想を伝えます。

◆テーマ④…神聖ローマ皇帝マクシミリアン1世

3番目は、**マクシミリアン1世**（在位1493－1519）の「凱旋行進」【図26】。

4本の柱に支えられた天幕、建築的な装飾意匠が、タロットの「戦車」を彷彿とさせます。

マクシミリアン1世は、父フリードリヒ3世から神聖ローマ帝国を継いだ後、隣国との婚姻政策によって、ヨーロッパの大半を帝国の領土としました。

しかし、一族ハプスブルク家の威光を知らしめる儀式の資金が不足し、古代ローマの凱旋行進にかこつけて、巨大版画を制作させました。

◆テーマ⑤…アレクサンドロス3世

最後に、**アレクサンドロス3世**（＝アレキサンダー大王。紀元前356－前323）。

ギリシャ地方のマケドニアからエジプト、ペルシャ、インドの一部にまたがる大帝国を築いた、歴史上最も有名な統治者のひとりですが、自ら前線に立って指示を出す有能な指揮官でもありました。

2匹のグリフォン（鷲の上半身、獅子の下半身を持った生物）に牽引されて空中飛行するアレクサンドロスの姿**【図27】**は、中世美術の人気テーマとなり、しばしば教会のファサードなどを飾りました。

タロットの「戦車」は車輪が進行方向と直交してついていて「走れない」のですが、軽やかな天蓋は「空飛ぶ乗り物」をイメージさせ、2匹の馬はグリフォンのようにも見えます。となると、この人物はアレクサンドロス3世ということになります。

さて、彼が率いるマケドニア軍は、紀元前329年にスキタイと戦い、勝利します。

じつは、「スキタイ」は、かつてユーラシア大陸の広範囲に版図を拡げた「タルタリア」の旧名なのですが、敗者であるスキタイ＝タルタリアの主流を占めた古代ロシアに、「空中飛行するアレクサンドロス3世」のモチーフが多数見つかります。

ジュエリー、コイン、レリーフなど、さまざまに描かれたことを鑑みると、彼の「**未知なるものへの探求力**」は、称賛の的だったのでしょう。

カードの語源

英語名・仏語名「Chariot」、伊語名「Carro」の語源は、印欧祖語「*kers-2（走る）」。

英語の「car（車）」、「carry（運ぶ）」、「corridor（廊下）」なども、同じ語源に由来する言葉です。

数秘「7」の意味

数秘「7」は「**未知の探求・洞察**」を表します。

「正七角形」の作図はたいへん複雑ですが、

・1／7＝0.142857142857142857……（延々と、142857が続きます）

・最初の7つの素数の平方和は666（つまり、$2^2+3^2+5^2+7^2+11^2+13^2+17^2=666$）
・$7=2^0+2^1+2^2$

など、「7」には、規則・神秘が**内在**しています。

また、神秘は、次のように、さまざまな比喩を用いて「7」に込められてきました。

・中世の時代、「心身二元性」の象徴「7」は、「魂＝3」と「肉体＝4」の和と考えられた。
・神は「世界創造」に「7日」を要した。
・「7つの徳（智慧・剛毅・節制・正義・信仰・慈愛・希望）」と、「7つの悪徳（愚鈍・移り気・憤怒・不正・不信仰・嫉妬・絶望）」。

そして、「**未知**なる神秘は、**探求・洞察**によって明らかになる」ということが、「7」の意味です。

「ラッキー7」は、**探求**の結果としての幸運です。

リーディングでの解釈

◆正位置の場合

馬の足並みが揃わず、車輪も回らない戦車を何とか動かそうというテーマは「**未知の探求・洞察**」を表し、**本質をつかむ、目標を定める、戦略を追求する、未来を洞察する、アクティブに行動する、障害を克服する、とにかく前進する**を意味します。

占いの実践において大事なことですが、このカードの意味は、「前に進めない」です。

恋愛・仕事・人間関係に行き詰まったら、前進するために「障害の原因を追及し、克服しよう」、「本質を摑もう」というメッセージになります。

◆逆位置の場合

反対の意味として、**弱気、不安、やる気が出ない、葛藤、迷い、道を見失う、挫折する、**正位置の悪い側面として、**独りよがりになる、暴走する、衝動的になる、壁にぶつかる**という解釈になります。

逆位置の「07 戦車」カードが出た場合は、「本来の進むべき道を見失っていないか」、「暴走していないか」という注意喚起ととらえましょう。

【図25】
《マルクス・アウレリウス帝の凱旋》作者不詳、176－180年

【図26】
《皇帝マクシミリアン１世の凱旋「ブルゴーニュの結婚」》ハンス・ブルクマイアー、1519年頃

【図27】
《アレクサンダー大王の空中飛行》作者不詳、10－11世紀

08 正義（せいぎ）

宇宙・万物の真理にのっとり、善き人生に「影響力」を行使する

Justice（英）／ La Justice（仏）／ La Giustizia（伊）

❶王冠
❷正面を見据えた目
❸額の丸い印は、「第３の眼」
❹右手（左脳・男性性）に、切っ先を上に向けた剣
❺左手（右脳・女性性）に天秤
❻ソロモン神殿の２本の柱

数秘 8 ▶	影響力
正位置 ▶	正しい判断、公正、正義、平等、バランスがとれている ／ うまくいく、妥当な結果となる、成果が生まれる、あるべき姿
逆位置 ▶	判断ミス、迷いが生じる、不当な結果、うまくいかない、タイミングではない ／ 腹落ちしない、感情的に納得いかない

Roots of the Card

美術史から推定される絵柄のルーツ

《正義の女神（ヴァティカン宮殿「署名の間」）》

1509-1511年

❶王冠のような髪飾り
❷振り上げた右手（左脳・男性性）に剣
❸左手（右脳・女性性）に天秤

【図28】

▶作／ラファエロ・サンツィオ（1483-1520）
ローマにルネサンスの最盛期を築き、ラファエロの支援者でもあった教皇ユリウス２世の書庫に描かれた天井画（フレスコ画）。

▶王冠を被り、右手に剣、左手に天秤を持った「正義の女神」は、古来、彫刻や絵画のテーマとなってきました。
▶そのルーツは、ギリシャ神話に登場する法・掟の女神テミスで、ローマ神話のユースティティアに相当。
▶ラファエロは、「真＝①神学・②哲学、善＝③正義、美＝④詩」を４つの円形天井画に表現しました。本作品は「善＝正義」に該当。

このカードのテーマ

◆テーマ①…正義は揺るがない

王冠を被った若い女性が、右手に「剣」、左手に「天秤」を持ち、正面を見据えています。

剣と天秤を持つこの女性は、「**正義の女神**」。古来、**正義を振るって影響力をもたらす**象徴として彫刻や絵画のテーマとなってきました。

裁判所や行政機関・自治体も、しばしばこのモチーフを採用しています【**図29**】。

「天秤」は、裁きの「**公平と均衡**」を表していますが、両刃であるこの「剣」も公平を示すほか、「**どんな行為も必ず報いを受ける**」ことを表現。

額の丸い印は、「第3の眼」。どんな虚偽でも「宇宙の法則に通じる直観力」で見抜きます。

ネックレスは、修道僧が腰に巻くロープのような形状をしており、「清廉・潔白」を象徴。

さて、古代ギリシャの哲学者、プラトンやアリストテレスは、人生に**影響力**のある徳目を「智慧・剛毅・節制・正義」とし、これらは「枢要徳」(=四元徳)と呼ばれています。

マルセイユ・タロットの大アルカナでは、「智慧=09隠者」、「剛毅=11力」、「節制=14節制」、「正義=08正義」の対応関係があります(詳細後述)。

椅子の背には「2本の柱」が付いていますが、これは「05法王」カード同様、ソロモン神殿にあった「ヤキン(Jachim)」と「ボアズ(Boaz)」です。

旧約聖書に収められたユダヤの歴史書『歴代誌』第2巻3章には、「彼はこれらの柱を本堂の前に、1本を右側に、もう1本を左側に立てた。右側の柱にヤキンという名をつけ、左側の柱にボアズという名をつけた」と記されています。

ヤキンは「主が堅く建てる」、ボアズは「力をもって」を表し、合わせると、「主がご自身の家を、力をもって堅固**に建てる**」という意味になります。

2本の柱で護られた椅子に座る女神は、「**正義は揺るがない**」ことを表しているのです。

では、「正義の女神」のモチーフを、歴史的な作品4作から深掘りしてみましょう。

◆テーマ②…ラファエロ《正義の女神》

まず、ルネサンスの巨匠ラファエロの作品で、ヴァティカン宮殿「署名の間」の天井に描かれた《**正義の女神**》（1509－1511）【**図28**】。

「署名の間」は、ローマにルネサンスの最盛期を築き上げ、ラファエロの支援者でもあった教皇ユリウス2世（在位1503－1513）の書庫。

もともとは、教会会議が行われ、教皇が重要書類に署名するための部屋でした。

ラファエロは、当時流行の新プラトン主義にならい、人間精神に**影響力**を及ぼす根本要素「真・善・美」の3理念を、「真＝神学・哲学、善＝正義、美＝詩」と解釈し、寓意的に表現しました。

タロット同様、こちらの正義の女神も、右手に「剣」、左手に「天秤」を持っています。

◆テーマ③…ジョット《正義》

2作目は、中世後期の巨匠ジョットによるフレスコ画《**正義**》（1306頃）【**図30**】。

北イタリアのパドヴァにあるスクロヴェーニ礼拝堂に描かれています。

堂内から入口を振り返ると、『最後の審判』があります【**図31**】。画面左は天国、右は地獄。それぞれのシーンは、左右の壁の下段にある14枚の寓意画と連続性を持っています。

寓意画は、カトリックの教義における「7つの美徳」と「7つの悪徳」を表したもの。

「7つの美徳」とは、「枢要徳」（＝四元徳）に、新約聖書『パウロの手紙』に見られる「信仰、慈愛、希望」の3つを加えた「七元徳」。

天国側の壁には「7つの美徳」、地獄側の壁には「7つの悪徳」が描かれ、各画は、次のように、向い合わせになっています（数字はタロット番号）。

・智慧 09 ― 愚鈍 00
・剛毅 11 ― 移り気
・節制 14 ― 憤怒
・正義 08 ― 不正
・信仰 ― 不信仰

・慈愛 ― 嫉妬
・希望 ― 絶望

この《正義》に、剣と天秤はありませんが、右手に「恩赦」の像、左手に「処罰」の像を持ち、**天秤にかけて影響力を振るう**構図となっています。

礼拝堂を創設したのは、高利貸で財産を築いたエンリコ・スクロヴェーニ（不詳−1336頃）。その父リナルドは、ダンテの『神曲・地獄篇』に描かれるほど強欲な人物でした。

当時の銀行家は、「高利貸は重大な罪でその魂は地獄に堕ちる」ことを自覚しており、エンリコは、自分と家族の贖罪（しょくざい）・恩赦を願い、私財を投じたと言われています。

◆テーマ④…法・掟の女神テミス

3作目は、ギリシャ神話に登場する**法・掟の女神テミス（Themis）**（紀元前300頃）**【図32】**で、ローマ神話ユースティティア（Jūstitia）に相当。

天の神ウラノスと、大地の女神ガイアの娘で、ゼウスの妻になりました。

「行い」が正しく行われたかを裁く基準が「法・掟」、裁定者が「女神テミス」です。

また、預言の女神でもあり、デルフォイの神託所を母ガイアから引き継ぎ、太陽の神アポロンに譲り渡すまで、神託所の主として、すべての神々に敬われました。

テミスは、家族に**影響力**を与える基礎として、「男性と女性の間の適切な関係」を主宰しましたが、このことは、「08 正義」の番号が「Ⅷ」であり、「Ⅴ法王」と「Ⅲ女帝」の組み合わせで成り立っていることとも関係しています。

◆テーマ⑤…太陽神シャマシュ

4作目は、メソポタミアの**太陽神シャマシュ**（紀元前1793−前1751頃）。

「シャマシュ（Shamash）」は北バビロニアのアッカド語で、南バビロニアのシュメール語では「ウトゥ（Ud）」。どちらも「太陽、日」を表します。

シャマシュは、天空のアヌ（＝シュメールのアン）・大地のエンリル（＝ヌナムニル）・深淵のエア

（＝エンキ）を3柱とするメソポタミアの「大いなる神々」の序列に属する由緒ある神。

太陽神として日輪の恵みをもたらす一方、闇と悪に対して光の**影響力**を行使し、**正義**を司る「法と裁判の守護神」として崇められました。

バビロニアでは、「シャマシュよりハンムラビ王に法典を与える」説話が残っています。

ハンムラビ（紀元前1810頃‐前1750頃）は、バビロン第6代王で、バビロニア帝国初代王となり、「ハンムラビ法典」を発布して中央集権を樹立、メソポタミア文明に最盛期をもたらします。

法典はのちに、石碑に書き写され、バビロンの「マルドゥク神殿」に置かれました。

石碑の裏側頂部にはレリーフがあり、シャマシュが、王権の象徴として「輪と杖」をハンムラビ王に授ける様子が描かれています【図33】。

「輪」は、太陽神シャマシュを象徴する「日輪」。「杖」は、メソポタミアの天空の神・創造神・最高神「アヌ（＝アン）」の持ち物に由来し、時代をはるか下って、魔術師の「杖（ワンド）」になりました（「01 魔術師」参照）。

右手の「輪と杖」を剣に替え、左手に「天秤」を持たせると、タロット同様になることから、法と裁判の守護神シャマシュは、「**正義の女神**」のルーツのひとつでしょう。

シャマシュの標章は、「日輪、四芒星、4つの波型」を組み合わせた図形【図34】。

「四芒星」は「太陽光の放射」、「4つの波型」は、暦上の重要点「冬至・春分・夏至・秋分」を表し、合わせて太陽の**影響力**を表します。

全体的に「八芒星」にも見えるので、「正義」の番号「8」の表象ともいえます。

カードの語源

英語名・仏語名「Justice」、伊語名「Giustizia」は、ラテン語「iūstitia（正義・公正）」に由来し、語源は、印欧祖語「*yewes-（法）」です。

正義の女神ユースティティアは、このラテン語から来ています。

英語の「judge（判定する）」、「jurist（法律家）」なども、同じ語源に由来する言葉です。

法・掟の女神テミス（Themis）の語源は、ギリシャ語「títhēmi（置く）」で、印欧祖語「*dhē-（置く・据える）」に遡れます。

このことから、古代ギリシャ人にとって、「法や掟」は、「神によって置かれたもの＝定められたもの」を意味していたことが分かります。

また、英語の「do（行う）」、「affair（業務＝行うべきこと）」、「fact（事実＝行われたこと）」なども、「títhēmi（置く）」に由来し、「行う」とは、「神前にものごとを置く＝神に捧げる」ことを意味していたことが分かります。

数秘「8」の意味

数秘「8」は「**影響力**」の意味を持ちます。

これを比喩として用いた事例は、次のように多数。

・「8」は最初の女性数「2」の3乗（$8=2^3$）で、ギリシャ人の最も神聖な女性数。法（**地上の影響力**）を司る女神の「8」はここに由来。

・シャマシュの標章「八芒星」は、太陽光の放射と、冬至・春分・夏至・秋分の合体で、**太陽の影響力**を表象。

・古代ケルト人は、春分、夏至、秋分、冬至の祭に、ベルテーン、ルーナサァ、サワン、インヴォルグを加えた8つの祭からなる暦を使用。

・仏教では、悟りに至る（**宇宙の影響力**を認識する）方法は、「八正道」（正見・正思惟・正語・正業・正命・正精進・正念・正定）。

・古代日本の「8」も聖数で、「**影響力が大きい**」ことを意味。八島、八雲、八咫鏡（やたのかがみ）、八重桜、八十（やそ）、八百万（やおよろず）など。

リーディングでの解釈

◆正位置の場合

善き人生に**影響力**を与える条件という意味合いから、**正しい判断、公正、正義、平等、バランスがと**

れている、また、その結果として、**うまくいく、妥当な結果となる、成果が生まれる、あるべき姿**といったカード解釈となります。

恋愛・ビジネス・人間関係を占っているときにこのカードが出たら、「正しい判断ができているので、うまくいくでしょう」というサインです。

願いは「正当な成果となって表れる」でしょう。

◆逆位置の場合

反対の意味として、**判断ミス、迷いが生じる、不当な結果、うまくいかない、タイミングではない、**正位置の悪い側面として、**腹落ちしない、感情的に納得いかない**という象意が得られます。

「08 正義」の逆位置カードが出た場合は、「感情・思考・行動がちぐはぐ」で、「腹落ちしていない」、だから、「引き寄せはうまくいかない」というイエローシグナルです。

【図30】
《正義（スクロヴェーニ礼拝堂)》ジョット・ディ・ボンドーネ、1306年頃

【図29】
《「正義の女神」像（フランクフルト)》ヨハネス・ホハイゼン、1610年

【図31】
スクロヴェーニ礼拝堂の内観

【図33】
太陽神シャマシュとハンムラビ王、作者不詳、紀元前1793年頃－1751年頃

【図32】
《女神テミス》カイレストラトス、紀元前300年頃

【図34】
シャマシュのシンボルである四芒星と波型

09 隠者（いんじゃ）

深い「叡智」と「高潔」な人格でひとを導き、道を照らす

The Hermit（英）／ L'Hermite（仏）／ L'Eremita（伊）

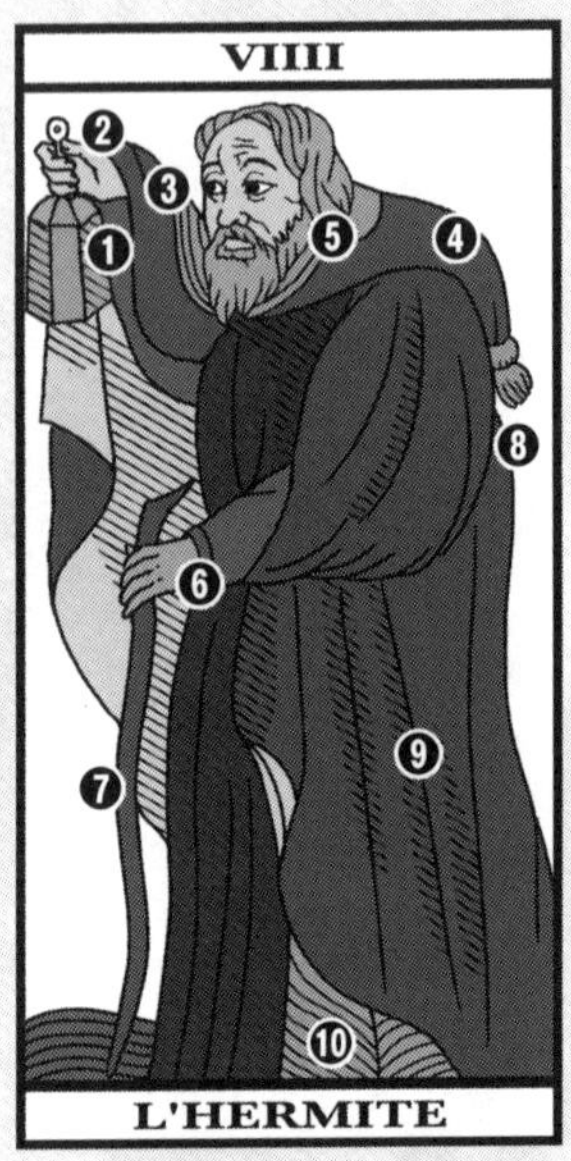

❶道を照らすランタン
❷頂部の「鍵」は秘伝を解き明かす
❸左（過去）を向いた視線
❹曲がった背骨
❺霊化した水色の髪・髭
❻霊化した水色の左手（潜在意識）
❼蛇のような杖
❽長い頭巾
❾ゆったりとした外套
❿黄色い（知識の象徴の）書物の束

数秘 9 ▶	叡智・高潔
正位置 ▶	豊富な知識、深い智慧、洞察力、困難を克服する、内省、分別、教え導く　／　精神的な成長、ひとりで取り組む、自立する
逆位置 ▶	未熟、浅知恵　／　慎重すぎる、細かいことにこだわりすぎる、偏屈、頑固、マニアック、人を見下す、出しゃばりすぎる

隠者

Roots of the Card

美術史から推定される絵柄のルーツ

《あご髭を生やした森の聖人》

1516年頃

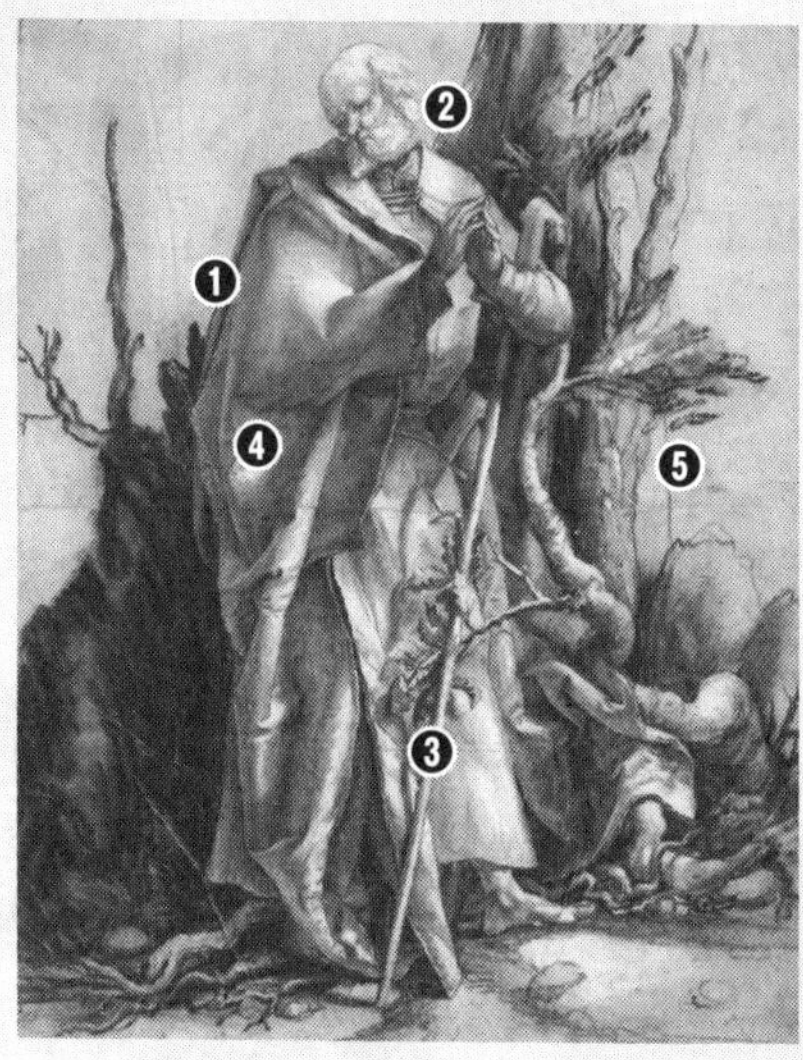

❶曲がった背骨
❷白い髪・髭
❸杖
❹ゆったりとした外套
❺人里離れた森の木々

【図35】

▶作／アルブレヒト・デューラー(1471-1528)
ドイツ・ルネサンス期の巨匠デューラーによる水彩画。主人公のみならず、背景の樹木にも高度な描写力が発揮されています。

▶「隠者」とは、「一般社会との関係を絶って、隠遁生活を送る人」を指し、キリスト教では、修道僧の先駆けと見なされています。
▶世間の寒風を避けるように長い外套で身を隠し、背骨が曲がって前屈した姿勢を杖で支える高齢の男性像は、カードと共通するものです。
▶白いチョークのハイライトによって、光と闇のコントラストが生まれ、「森で隠遁生活を送る聖者」の深い精神性が表現されています。

このカードのテーマ

◆テーマ①…フランシスコ会修道士

「**隠者**」とは、一般社会との関係を絶ち、森などにこもって隠遁(いんとん)生活を送る人を指し、キリスト教では、修道僧の先駆けと見なされています【**図35**】。

カードでは、世間の寒風を避けつつ、ゆったりとした外套に身を隠し、背骨が曲がって前屈した姿勢を杖で支えるように立っている高齢の男性として描かれています。

マフラーの「青色」は、**思慮深さ**と**知識の深さ**の表れ。髪、髭、左手の「空色」は、すでに**高い霊性**を身につけていることを物語っています。

右手で「ランタンを掲げている」姿は、何かを自ら**探求**しているようにも、誰かに**進むべき道を指し示している**ようにも見えます。

ランタンの頂部についているのは、修行の末に修得した**秘伝（アルカナ）を解き明かす**「鍵」です。

「杖」は、蛇が頭をもたげたような形をしていることから、「蛇が絡みつくヘルメスの杖（ケーリュケイオン）」【**図36**】の暗示でしょうか。

「這(は)い上がる蛇」と考えると、チャクラを上昇する「クンダリーニ」の表象とも考えられます。

背中に垂れさがる「長い頭巾」は、古代エジプトのオシリス神の冠を思わせます。

外套の裾下に覗く「黄色い束」は、**叡智**を学ぶために読破した書物の重なりでしょう。

さて、オランダの画家ヘラルト・ドウ（１６１３－１６７５）は、「瞑想的な生活とその美徳」という主題にこだわり、「隠者」を描いた作品を、11作ほど制作しました。

１６７０年の絵【**図37**】では、「フランシスコ修道会」の服を着た隠者が、聖書を開いた上で両手を握りしめ、キリストの死と復活を**熟考**するかのように十字架の前に跪いています。

「頭蓋骨、砂時計、光の消えたランタン」は、人間の命のはかなさを表しています。

「アザミ」は、地上の苦しみや受難を、「枯れ木から伸びる生きた枝」は、死後の世界を象徴。

「砂時計」は、ヴィスコンティ・タロットの「隠者」**【図38】**の右手にも描かれています。そのため、ヴィスコンティ版は、もともと「Il Tempo（時）」と呼ばれてきました。

つまり、隠者が修行に費やした「時間の厚み」が焦点だったものが、マルセイユ版では、**自己探求・導き**の光を象徴する「ランタン」に置き換えられ、よりスピリチュアルな主題に変わっています。

◆テーマ②…ヘルメス・トリスメギストス

カードのもうひとつの主題は、**ヘルメス・トリスメギストス**です。

『ヘルメス文書』や『エメラルド碑文』の筆者ともいわれ、まさに「スピリチュアル系の元祖」。

『ヘルメス文書』は、3世紀頃までに、新プラトン主義やグノーシス主義などの影響を受けて、エジプトで成立したと考えられる文献写本。

『エメラルド碑文』は、実物は現存していませんが、アイザック・ニュートンによる英訳が、ケンブリッジ大学図書館に所蔵されています。

碑文に記された「下なるものは上なるものの如く、上なるものは下なるものの如し」は、「マクロコスモスとミクロコスモス（大宇宙と小宇宙）の照応」を示し、錬金術の基本原理として知られています。

トリスメギストスは、「3重に（トリス）・偉大な（メギストス）」という意味の形容詞で、ローマ帝国時代にできた呼び方。

①ギリシャのヘルメス神＝ローマ神話のメルクリウス（英：Mercury マーキュリー）、②エジプトのトート神、③錬金術師のヘルメスの融合です。

マーキュリーには「水星」という意味もあり、占星術では、思考力・コミュニケーション力など、一切の**知的能力**を支配する惑星です。

トート（Thoth）は、古代エジプトの**叡智**を司る神。ピラミッドの建設方法を人間に伝えたとも。

ヘルメス主義の思想では、「エジプトの知恵はタロットに残された」と考えられたため、タロットは、「トートの書」とも呼ばれました。

また、英国の神秘主義者アレイスター・クロウリー（1875－1947）が考案した「トート・タロット」は、スピ系から高い評価を得ています。

トリスメギストスの解釈としては、①ピラミッドを造った天文学者、②バビロンの医学・数学者でピュタゴラスの師、③エジプトの哲学者・都市計画家の3賢者が合体した存在という説もあります。

そうした人物像は、フランスの彫版工ジャン・テオドール・ド・ブリィ（1561－1623）が描いた銅版画【図39】に現れています。

作品は、古物商・詩人のジャン・ジャック・ボワッサール（1528－1602）の『占いと魔除けに関する死後の論文』の挿絵として制作。トリスメギストスは、冠と外套を身につけ、右手で天球儀を掲げ、左手で書物を持つ男性の姿をしています。

左脇にある「2匹の蛇が絡みつく杖」は、「ケーリュケイオン＝魔法の杖（ワンド）」。螺旋状に這い上がる蛇は、生命力や権威の象徴です。

「冠を頭巾」に、「右手の天球儀をランタン」に替え、「書物を外套の中」に隠し、「左手に杖」を持たせると、タロットの「隠者」になります。

カードの語源

英語名「Hermit」、仏語名「Hermite」、伊語名「Eremita」のいずれも、語源は、印欧祖語「*era-(切り離す・引き離す)」です。

英語の「rare（レアな・稀有な・滅多にない）」も、同じ語源に由来する言葉です。

つまり、「隠者」は、滅多に人が立ち入らない山奥や砂漠で隠遁生活を送る「稀有な者」が原義。

「ヘルメス（Hermes）」も同じ語源に由来し、「稀有な智慧（＝奥義）」という意味です。

サンクトペテルブルクにある美術館「エルミタージュ（Hermitage）」は、「隠者の庵」の意味。「03 女帝」カードのモデルのひとり、エカチェリーナ2世のコレクションが基礎になっています。

数秘「9」の意味

数秘「9」は「**叡智・高潔**」の意味を持ちます。

・「9」は、神聖数「3」の「3倍」の**叡智**。
・ギリシャ人は、正三角形が3つ織り合わさった「九芒星（エニアグラム）」をとくに崇拝。
・九芒星の頂点に1〜9を順に振り、1, 4, 2, 8, 5, 7と番号を辿りつつ、3, 6, 9からなる正三角形と合体すると、九角形が描けます。
・この「1, 4, 2, 8, 5, 7」からなる数列は、1／7＝0.142857142857142857……（延々と、142857が連続）のように、数秘「7」に内在する**神秘**を表し、「9」は「神秘＝7」を解き明かす**叡智**といえます。
さらに、「9」は、次の解釈も可能です。
・タロット番号「VIIII」は、「V＋IIII」で、「05法王」＋「04皇帝」の**高潔さ**を表象。
・仏・伊・独語等で、「9」と「新しい」は同系語（neuf / nouveau, nove / nuovo, neun / neu）。
・「9」は、完全数「10」に対して**不完全**で、「新しく、1が加えられる」のを待つ数字。
「9」は、**叡智**の高みに達してもなお、**未完成**であることを自覚する**高潔さ**を有しているのです。

リーディングでの解釈

◆正位置の場合

隠者の特徴から、**豊富な知識、深い智慧、洞察力、困難を克服する、内省、分別、教え導く**、そのために必要なこととして、**精神的な成長、一人で取り組む、自立する**といったカード解釈となります。

このカードは、パートナーへの依存、過去への執着から、生きづらさを感じているときに、「自分の脚で立つこと」の大切さを思い出させてくれます。

◆逆位置の場合

反対の意味として、**未熟、浅知恵**、正位置の悪い側面として、**慎重すぎる、細かいことにこだわりすぎる、偏屈、頑固、マニアック、人を見下す、出しゃばりすぎる**といった意味が導かれます。

逆位置カードは、「考えが浅はかである」ことや、「頑固さも執着である」ことを警告してくれます。

【図36】
ケーリュケイオン

【図37】
《隠者》ヘラルト・ドウ、1670年

【図38】
ヴィスコンティ版「時（隠者）」（ピアモント・モルガン・ベルガモ版）、ボニファチオ・ベンボ、1474年

Mercurius Trismegistus.
ΘΕΟΣ
Quod Iove sis genitus magno, vis enthea mentis
Divinæ, et coeli cognitio alta probat.

【図39】
《ヘルメス・トリスメギストス》
ジャン・テオドール・ド・ブリィ、1615年

10 運命(うんめい)の輪(わ)

見えざる「霊的な」パワーが「可能性」を開く

Wheel of Fortune（英）／ La Roue de Fortune（仏）／ La Ruota della Fortuna（伊）

❶王冠・剣・翼＝正義の女神マアトを表象
❷車輪を右手で回している
❸人間の顔・獅子の尾・牛の胴体・鷲の翼＝テトラモルフ
❹肌色の猿＝智慧の神トート（ヘルメス）
❺黄色い犬＝冥界の神アヌビス
❻回し手のいないハンドル

数秘 0 ▶	可能性・霊性
正位置 ▶	チャンス到来、転機が訪れる、流れが変わる、可能性が開ける、運命的な出会いがある　／　好転する、良い結果が出る、成功する
逆位置 ▶	チャンスを逃す、雲行きが怪しくなる、失敗、停滞、アクシデント　／　ついて行けない変化が起こる、流される、避けられない

Roots of the Card

美術史から推定される絵柄のルーツ

《運命の輪（ボエティウス『哲学の慰め』より）》

15世紀の写本

❶王冠・右手に王笏・玉座＝正義の女神を表象
❷車輪を回す運命の女神
❸悪行：守銭奴
❹悪行：虚栄
❺右手に杖（ワンド）を持った悪魔

【図40】

▶**作者不詳**

古代ローマの哲学者ボエティウスが、刑死の直前に著した『哲学の慰め』のフランス語版写本に掲載された細密画。

▶主題は、ローマ神話のフォルトゥナ女神が起源で、「女神（柱の左）が車輪を回し、人間の運命を決める」という、中世に普及した概念。
▶この絵の車輪には、カードと異なり、4人の人物が登場しています。
▶「悪魔」（下）にそそのかされて悪行を働いた2人の人間が、「正義の女神」（上）に裁かれる様子。写本の左側【図42】には、車輪と対比させるように、哲学者ボエティウスが善行の象徴として描かれています。

このカードのテーマ

◆テーマ①…運命の女神が人生の車輪を回す

2匹の動物が「運命の輪」につかまっています。その向きから、輪は左に回転しているようですが、回し手の姿は見当たりません。

カードの原典のひとつと考えられるのが、『カルミナ・ブラーナ』（1230）【図41】。

中世ヨーロッパ（11－13世紀）の社会・風俗を描いた写本で、約300編の詩歌などで構成され、ほとんどがラテン語、一部が中高ドイツ語、古フランス語です。

主題は、①時代と風俗への嘆きと批判、②愛と自然、愛の喜びと苦しみ、③宴会、遊戯、放浪生活、④宗教劇で、出所は、オクシタニア、フランス、イングランド、スコットランド、アラゴン、カスティーリャ、神聖ローマ帝国と広域にわたります。

24の詩を、ドイツのカール・オルフが楽曲化し（1936）、冒頭の「O Fortuna（おお、運命の女神よ）」は、「運命の女神よ、貴女は……常に定まらない。人生も同じこと、確かなものは何もなく……車輪の如く回ってゆく」とうたい上げています。

119枚の羊皮紙から成る写本の1枚に、「**運命の女神の輪**」が描かれています。

◆テーマ②…女神に運命を委ねられる

「異端カタリ派」の教えによると、人間は「最後の審判」に到達する前に、何度も輪廻転生を繰り返します。

仏教の「カルマ」に似ており、「善行を積めば高次の来世を迎えることができるが、悪行を行うと低次元の動物に生まれ変わる」という考え方です。

古代ローマ末期の哲学者ボエティウス（480－524頃）も、著作『哲学の慰め』（524）のなかで、〈人間は、善良であることを放棄したら［中略］獣に生まれ変わる〉[9]と記しています。

そのフランス語写本には、ボエティウス（善行の象徴）と、悪魔（悪行の象徴）にそそのかされた人間が、**女神に運命を委ねられる**様子が、画面左右において対比的に描かれています【図40、42（全体）】。

また、「運命の輪」ヴィスコンティ版【図43】には人間が描かれているのに対し、マルセイユ版では動物に変更されていることからも、「悪行に堕ちた獣のような人間は必ず裁かれる」というメッセージが伝わってきます。

◆テーマ③…運命を操るスフィンクス

カードにおいて、台座の上部には、エジプト神話に登場する「**スフィンクス**」のような動物がいます。

スフィンクスは、ファラオ（王）の顔、獅子の身体を持つ合成動物で、メソポタミア、ギリシャ、インドなど各地の古代文明にも見られ、女性の顔、胸に乳房、鷲の翼を持つといった地域的なバリエーションがあります【図44】。

輪の外側にいて、頂部の台座に鎮座しているということは、「運命の輪」が引き起こす「幸運と不運」あるいは「輪廻転生（カルマ）」を超越した存在なのでしょう。右手を輪の上部に掛けている様子は、**運命（輪の回転）を操る霊力**の象徴にも見えます。


回転ハンドルが絵の右端に触れているため、タロットのスプレッド（展開方法）によっては、本カードの右に来るカードで、「運命の輪」の行方が決まるという解釈も可能です。

◆テーマ④…神の使いテトラモルフ

台座上の生き物は、「人間の顔・獅子の尾・牛の胴体・鷲の翼」を持っているようです。

その姿は、旧約聖書『エゼキエル書』に登場する「人間・獅子・牛・鷲の顔と輪を持つ４つの生き物」に由来すると考えられます。

エゼキエルは、紀元前６世紀頃のバビロン捕囚時代におけるユダヤの預言者です。

また、ラファエロの《エゼキエルの幻視》（１５１８）【図45】という絵画には、「北から激しい風とともに雲がやって来て、４つの生き物が現れ、頭上には神の姿があり、雨の日に雲に起る虹のようだった」という光景が描かれています。

ラファエロは、エゼキエルが視た「４つの生き物」を、「４人の天使」、すなわち、**神の使い**の役割を担う**霊的存在**として表現しました。

新約聖書『ヨハネの黙示録』にも、「獅子・牛・人間・鷲」に似た「4つの生き物」が現れ、これらは、「**テトラモルフ**」（テトラ＝4つの、モルフ＝姿形）と呼ばれています。

それぞれ、新約聖書『福音書』の四記者（イエス・キリストの生涯を記した者）に相当します。

・「人間」はマタイ。マタイ伝は「人の子」イエスの系譜から。
・「獅子」はマルコ。マルコ伝は「荒れ野で咆哮するものの声」から。
・「牛」はルカ。ルカ伝は犠牲獣（＝牛）をあぶり焼きにして捧げる「燔祭（はんさい）」の記述から。
・「鷲」はヨハネ。ヨハネ伝は神・天の記述から。

つまり、テトラモルフは、「キリストの生涯」の表象と捉えることもできるわけです。

なお、テトラモルフのモデルとなったのは、メソポタミア北部に興った古代国家アッシリアの守護神「**ラマッス**」【**図46**】。シュメール語では「ラマ」といいます。

知性を表す人間の頭部、鳥の王である鷲の翼、豊穣（家畜）を象徴する雄牛（または砂漠の支配者たる獅子）の身体を持ち、超絶的な魔力を有する聖霊として崇められました。

いずれにせよ、台座上の生き物は、運命の鍵を握る存在、**運命の支配者**です。

◆テーマ⑤…正義の女神マアト

右側（上向き）の「黄色い犬」は、エジプト神話の冥界の神アヌビス。

死んだ人間の魂を冥界へと運ぶ役割を担っており、後に、ギリシャの智慧の神ヘルメスと融合し、「ヘルマヌビス」の名を与えられました。

一方、輪の左側（下向き）の「肌色の猿」は、古代エジプトの智慧の神トート（＝ヘルメス）。

伝統的に、トキまたはヒヒの姿で描かれますが、カードでは、ヒヒになっています。

さて、古代エジプトでは、死者は冥界に入る前に**神々の審判**を受けると考えられました。

そこでは、①冥界の神アヌビスが死者の心臓を秤にかけ、②正義の女神マアトが鳥の羽をもう片方に載せて心臓（＝罪）の重さを量り、③智慧の神トートが審判記録をつけます。

ちなみに、**正義の女神マアト**は、ギリシャ神話の**テミス**、ローマ神話の**ユースティティア**、つまり、「08 正義」カードの主人公に相当します。

こう考えると、台座の上に鎮座しているのは、マアトということになります。

実際、「王冠と剣」を持ち、「08 正義」の女神が座る椅子の背のような「翼」を持っています。

釣り合う2匹の動物は、マアトが右手で「天秤」を吊り下げているようにも見えます。

輪が左右どちらに回転するか（＝運命がどうなるか）は、マアトの**審判**次第。

カードでは、左回りは「冥界に行ける」、右回りは「冥界に行けない」を意味します。

「10 運命の輪」が実質上、「20 審判」と同じ意味を表すことは、どちらも数秘が「0」であることから裏付けられます（2桁番号は1桁目が数秘を表すと解釈します）。

カードの語源

英語「Wheel（輪）」は、ゲルマン祖語「*hwehwla」、さらに、印欧祖語「*k^{w}el-^{1}（回る）」＋「*k^{w}el-^{1}（回る）」に由来します。日本語の「クルクル」に、音・意味ともそっくりです。

仏語「Roue」、伊語「Ruota」の語源は、印欧祖語「*ret-（走る・転がる）」。

英語・仏語「Fortune（運命）」、伊語「Fortuna（運命）」の「for」は、印欧祖語「*bher-^{1}（運ぶ）」に由来し、英語「bring」も、同じ語源の言葉。

「Fortune, Fortuna」は、「for」の完了・女性名詞形で、「運ばれてくるもの」が原義。

転じて、「運命・幸運」、さらに、「運命の女神（フォルトゥーナ）」を意味するようになりました。

つまり、カードの名称「La Roue de Fortune / Wheel of Fortune」は、正式には「運命の女神の輪」ということになります。

数秘「10」の意味

「10」は、1桁目に着目し、「0」と読み替えます。数秘「0」は「**可能性・霊性**」を表します。

量子力学にたとえるなら、

・「0」は、物質化する前の「波動状態」

・「1」は、物質化した後の「粒子状態」

「波動」は「エネルギー」。どんな「物質」にもなれる「可能性」を持っています。

つまり、「0」は「**可能性**」を表します。

スピリチュアルに表現すると、地上に降りて物質になる前の状態、すなわち、「**霊性**」を表します。

リーディングでの解釈

◆正位置の場合

運命が回転するという意味で、**チャンス到来、転機が訪れる、流れが変わる、可能性が開ける、運命的な出会いがある**という解釈が得られます。

また、ポジティブな意味合いから、**好転する、良い結果が出る、成功する**を暗示します。

正位置カードは、「好機が訪れている」ので、「チャンスに乗れれば」、恋愛が成就する、人間関係が好転する、仕事が成功する、というメッセージ。

無条件にうまくいくわけではなく、あくまで「可能性が開けている」ことをカードは示しています。

「引き寄せ」を成功させるには、「感情・思考・行動の三位一体」を整えることが必須の条件です。

プラン（思考）はあるのにワクワクしない（感情がついてこない）状態であったり、行動が伴っていなかったりすると、運気は逃げていきます。

◆逆位置の場合

反対の意味として、**チャンスを逃す、雲行きが怪しくなる、失敗、停滞、アクシデント**、正位置の悪い側面として、**ついて行けない変化が起こる、流される、避けられない**といった解釈になります。

逆位置カードは、「引き寄せの条件が整っていない」ことの暗示。内省が必要な状態と考えましょう。

【図41】
運命の女神の輪（『カルミナ・ブラーナ』より）、作者不詳、1230年頃

【図42】
《運命の輪（全体）》

【図43】
ヴィスコンティ版「運命の輪」（ピアモント・モルガン・ベルガモ版）、ボニファチオ・ベンボ、1474年

【図44】
スフィンクス「ダレイオス１世」、作者不詳、紀元前510年頃

【図45】
《エゼキエルの幻視》
ラファエロ・サンツィオ、1518年

【図46】
ラマッス（人面有翼雄牛）像、作者不詳、紀元前716－713年

11 力（ちから）

「創造」のために困難を受け入れ、欲望をコントロールする

Strength（英）／La Force（仏）／La Forza（伊）

❶怪力でライオンを手なずける女性
❷右（未来）を向いた視線
❸「∞（無限大）」の形の帽子
❹足の指が6本＝巨人族
❺なす術もなく口を開けるライオン

数秘 1 ▶	創造
正位置 ▶	困難を克服する、上手に関わる、忍耐強くねばる ／ 和解する、許容する、受け入れる、育てていく、欲望を抑える
逆位置 ▶	我慢できない、力不足、長続きしない、途中であきらめる、欲望に負ける ／ 自信過剰、傲慢になる、ストレスを抱えすぎる

Roots of the Card

美術史から推定される絵柄のルーツ

《サムソンとライオン》

1604-1607年

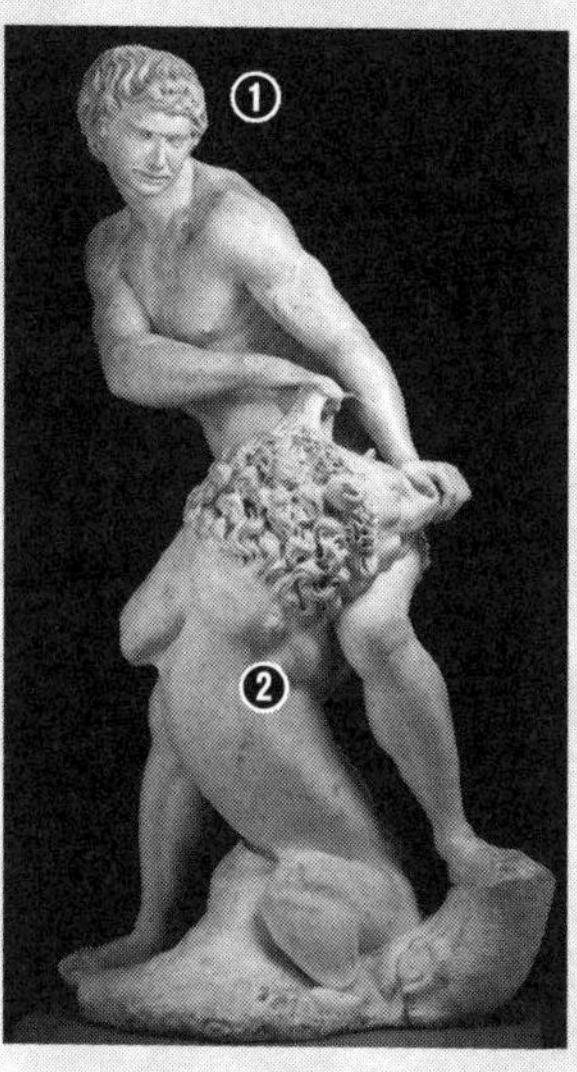

❶怪力でライオンを引き裂こうとするサムソン
❷なす術もなく口を開けるライオン

【図47】

▶作／クリストーフォロ・スターティ(1556-1619)

マニエリスムの彫刻家スターティは、ミケランジェロなど巨匠の様式を踏襲し、ライオンの顎を引き裂くサムソンの怪力を見事に表現。

▶力の象徴「ライオン」を倒す伝説は、美術史上、繰り返し登場。

▶主人公は、この彫刻のようにイスラエルのカリスマ的指導者サムソンのほか、ギリシャ神話の英雄ヘラクレスなどが代表的です。

▶マルセイユ・タロットでは、本作品のシチュエーションはそのままに、主人公が「女性」に替えられ、身体的な力ではなく、スピリチュアルなパワーが強調されることで、メッセージ性の強い絵柄に変化。

このカードのテーマ

◆**テーマ①…女神ガイアとライオン**

女性が**ライオン**の口を押さえ、ライオンはなす術もなく、口を開けています。

女性の背丈はライオンの倍くらいあり、足の指は6本あることから、旧約聖書『サムエル記』に登場する巨人のようです。

女性の帽子は、「01 魔術師」と同じく、「∞（無限大）」の形で、「つば」は「メビウスの輪」のように、表と裏が交互に入れ替わって「永遠」に循環する姿を見せています。

ギリシャ神話には、「ティターン神族」と呼ばれる12の巨神が登場します。

その母**ガイア**は大地母神といわれますが、むしろ、カオス（混沌）の宇宙に生まれた「天と大地から成る世界そのもの」で、「**永遠の力**」の象徴。

6本指の足、「永遠」の帽子からして、この女性はガイアと考えられそうです。

さて、「10 運命の輪」のスフィンクスは、「ライオンの身体と人間の顔」を持った聖獣ですが、ライオン自体も、**王権・権力**の象徴として、しばしば描かれてきました。

ライオンを倒す行為は、「**力**」の象徴として、アートの主題となっています。

倒す側は、男性、女性の両パターンあり、時代や地域によって描かれ方はさまざまです。

かつての生息域は、アフリカ、アナトリア、メソポタミア、アラビア、イラン、インドにまたがり、旧約聖書の舞台もその中に含まれます。

また、亜種であるヨーロッパライオンは、古くは欧州大陸南部のほぼ全域に生息していましたが、ギリシャ北部に生息域が限られていき、西暦１００年頃に絶滅したようです。

◆**テーマ②…ライオンを倒すサムソン**

旧約聖書には『士師記（ししき）』という歴史書があります。モーセに率いられてエジプトを脱出したイスラエルの民が、歴代の士師（カリスマ的指導者）のもと、パレスチナの地に侵入し、先住民族との長い戦いを通して次第に征服していく過程を記した書で、紀元前1200年頃から前1070年頃までの話です。

その14章に、**サムソン**という士師が登場し、「1頭の若いライオンがサムソンに襲いかかった瞬間、主の霊がサムソンに激しく**力**を注いだ。武器を持たぬサムソンは、素手でライオンのあごをつかむと、真っ二つに引き裂いた」とあります【図47】。

◆**テーマ③…ライオンを倒すヘラクレス**

ギリシャ神話の英雄**ヘラクレス**は、自身の妻子などを殺してしまった罪を贖(あがな)うため、アポロンに神託を仰いだ結果、「十二の難行」を命じられます。

その手始めは、「ネメアの谷」に住む人喰いライオン（ネメアの獅子）の討伐でした。

最初、弓矢でこの獅子を殺そうとしたところ、毛皮を破ることができず、剣、棍棒、果ては**怪力**を活かし、素手で首を絞めることで、ようやく、この怪物を倒しました【図48】。

その様子は、古代から、バロックにかけて、多くの絵画・彫刻に表されました。

ヴィスコンティ・タロットの「**力**」【図49】には、「棍棒でライオンを殴る男性」が描かれています。

◆**テーマ④…《剛毅》**

ジョットも、《剛毅（＝力）》（1306）【図50】という作品を描いています。

人物は、矛(ほこ)と盾を持った屈強な女性戦士。

盾には、折れた槍の先が3本刺さっており、うち1本は、浮彫のライオンの首を射抜いています。首と胴に巻いているのは、「ネメアの獅子」から剝(は)ぎ取った毛皮でしょう。

つまり、ライオンを倒すのではなく、その「力を**防御**に使い、敵と闘う」という主題です。

なお、タロットのライオンは、「人間の動物的本能」の象徴とも考えられます。

「無意識の領域にある本能を、潜在意識を使うことに秀でた女性が**手なずける**」ということが、カードが伝えたいメッセージなのでしょう。

カードの語源

英語名「Strength」は、ゲルマン祖語「*strangaz（力）」、さらに、印欧祖語「*strenk-（きつい、狭い）」に由来します。

形容詞形は「strong（強い）」。「狭い→細い」という意味から、「string（弦・ひも・糸）」や、「stretch（伸びる）」という言葉も生まれています。

つまり、「Strength」は、「攻撃的なパワー」というより、「困難にじっと耐える忍耐力・寛容力」というニュアンスです。

一方、仏語名「Force」、伊語名「Forza」は、英語では「Force」。語源は、印欧祖語「*bhergh-[1]（隠す・守る）」または「*bhergh-[2]（高い、丘・城砦）」。

英語の「fort（砦）」も同じ仲間の言葉で、カードの英語別名は「剛毅（Fortitude）」といいます。

このように、「Force」も、「攻撃力・破壊力」というニュアンスではなく、「防衛力・守備力、秘めたる力」が原義です。

数秘「11」の意味

「11」は、1桁目に着目し、「1」と読み替えます。数秘「1」は「**創造**」の意味を持ちます。

また、「01」が旅（＝人生の創造）を始める「魔術師」であるように、「1」は**スタート**の数字。

「PART 1」で触れたように、大アルカナ22枚は、番号順に、「旅の旅程」を表しています。

・「00」は、「**旅人**（＝ジョーカー）」。
・「01」～「10」は、第1ラウンド「**俗世の旅**」。
・「10 運命の輪」は、その**総括**。
・「11」～「20」は、第2ラウンド「**精神界の旅**」。
・「21」は、出発点に回帰する「**ゲート**」。

したがって、「11 力」は、「**第2の創造**」、「**第2のスタート**」のカードということになります。

つまり、第2ラウンドを廻っていくための「**力**（＝剛毅）」が、このカードの数秘的な意味です。

カードの女性は、画面右を見据えていますが、未来を見通すビジョンを象徴しています。

リーディングでの解釈

◆正位置の場合

ライオンを手なずける剛毅な女性は、**困難を克服する、上手に関わる、忍耐強くねばる**を表します。

また、「愛の教会」として女性を重視したカタリ派の教義から、**和解する、許容する、受け入れる、育てていく、欲望を抑える**という解釈が可能です。

「11 力」は、「状況を打破すべき」場面でよく現れるカード。

恋人と喧嘩してしまった、顧客からクレームを受けた、会話の行き違いから人間関係がこじれた。そんなときは、「ねばり強く打開策を打つ」べきといった解釈をするとよいでしょう。

◆逆位置の場合

反対の意味として、**我慢できない、力不足、長続きしない、途中であきらめる、欲望に負ける、**正位置の悪い側面として、**自信過剰、傲慢になる、ストレスを抱えすぎる**といった象意が得られます。

逆位置カードは、「状況に押されてあきらめモードになっている」、「自分本位の解決策なので、進めるには無理がある」といったサインになります。

【図48】
《ヘラクレスとネメアの獅子》作者不詳、２世紀

【図49】
ヴィスコンティ版「力」（ピアモント・モルガン・ベルガモ版）、ボニファチオ・ベンボ、1474

【図50】
《剛毅（スクロヴェーニ礼拝堂「七元徳」より）》ジョット・ディ・ボンドーネ、1306年

12 吊(つ)るし人(びと)

逆さま世界を眺め、自分を手放して「相反」する現実を「受容」する

The Hanged Man（英）／ Le Pendu（仏）／ L'Appeso（伊）

❶ロープは足首にちょっと引っ掛けているだけ
❷「4の字」の脚
❸後ろ手に縛られた両手
❹余裕の笑い
❺命の行く末を左右する横木と綱
❻枝が切り取られた12個の切り口は、如意宝珠（チンターマニ）の形をしている

数 秘 2 ▶	相反・受容
正 位 置 ▶	しんどい、身動きが取れない ／ 試練、忍耐、自己犠牲、奉仕 ／ 視点を変える、相手の気持ちになる、執着を手放す、我欲を捨てる
逆 位 置 ▶	解放される、リラックスする、自由に振る舞う ／ 自己主張、固定観念、執着、我欲に囚われる ／ やせ我慢、自暴自棄になる

Roots of the Card

美術史から推定される絵柄のルーツ

《「悪魔に苛まれる吊るし人」の見せしめ画》

15世紀

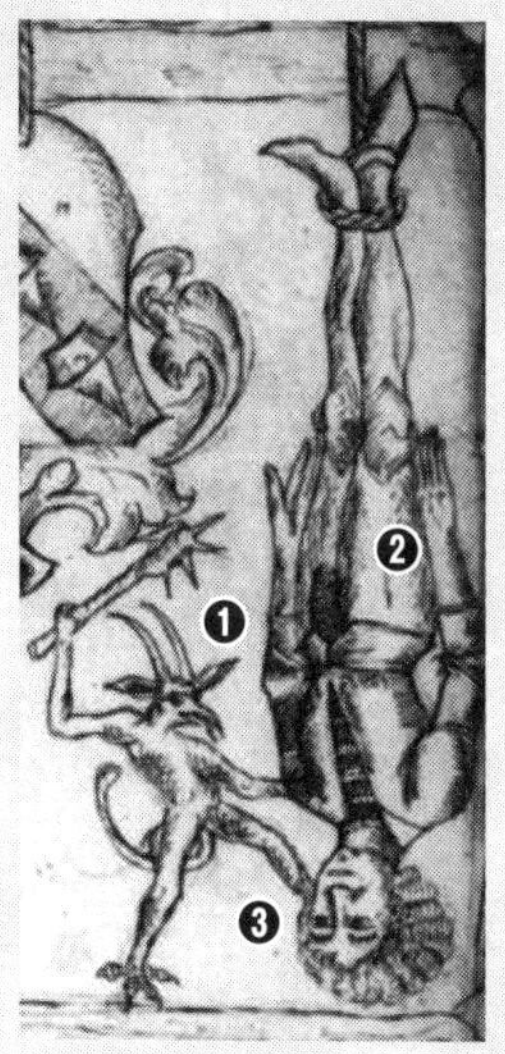

❶悪魔が「吊るし人」を打ち据える
❷縛られた両手
❸不敵な笑み

【図51】

▶**作者不詳**

「見せしめ画」は、14世紀イタリア発祥で、裏切り者などに「汚辱」を与えるために描かれた絵。「逆さ吊り」は、「苦痛を長引かせて汚辱を最大化する」スペシャルなポーズでした。

▶1490年、ドイツ・レーゲンスブルクの２人のユダヤ人（サイドロとアイザック・シュトラウビンガー）の申請で描かれた「見せしめ画」。
▶騎士の服装に身を包んだハンス・ユドマンなる人物が足から吊るされ、悪魔に棍棒で顔を殴られています。
▶吊るされながらも浮かべる「不敵な（？）笑み」は、タロットにも踏襲。

このカードのテーマ

◆テーマ①…神の意志を受け入れる

若い男性が片足と両腕を縛られ、身動きできない状態で逆さに吊られています。

両側には、女性っぽく艶めかしい樹木。

上部には、命の行く末を左右する横木と綱。

こうして見ると、このカードの構図は、「2人の女性に挟まれ、天上に運命を左右するクーピド」が描かれた「06 恋人」カードとよく似ています。

樹木は、それぞれ6本の枝が切り揃えられ、切り口はカード番号同様12個。

つまり、絵の構図だけでなく、数字（数秘）にも、「06 恋人」と「12 吊るし人」、2枚のカードの連関が感じられます。

したがって、このカードが発しているメッセージは、「身動きが取れずに、**運命（＝神の意志）を受け入れる**」と解釈できます。

◆テーマ②…裏切り者の不名誉な処刑

枝を切られた2本の樹木が柱となり、上部に横木が渡された舞台設定は、「吊るし人」というカード名称が暗示するように、「死刑台」のようです。

現に、本カードには「**裏切り者**（The Traitor）」という別名があります。

「吊るし人」は、14世紀のイタリアで生まれた「見せしめ画」に原型があります。

イタリア語で「Pittura infamante ピットゥーラ・インファマンテ（英：Infamous picture）」といい、直訳は「不名誉の絵画」になります。

「汚辱」を与えるために、その人物にとって「不名誉」となるように描かれた絵です。

たとえば、フィレンツェ出身の画家アンドレア・デル・サルト（1486－1531）は、裏切り者を主題にした作品を描き、7作が現存しています。

「吊るし人」（1529－1530頃）**【図52】**に描かれた人物は、片足で吊られていますが、これは、「苦痛を長引かせて汚辱を最大化する」スペシャルな刑法でした。

◆テーマ③：願いをすべて叶える秘儀のポーズ

見せしめ画はドイツにも波及し、「Schandbild シャントビルト」（直訳：恥の絵）と呼ばれました。レーゲンスブルクのユダヤ人２名の申し出で描かれた絵（１４９０）**【図51】**では、騎士の服装のハンス・ユドマンなる人物が吊るされ、悪魔に打ち据えられながら、不敵な笑みを浮かべています。

カードの「吊るし人」も、追い詰められた状況などどこ吹く風とばかり、余裕の笑い。

彼らの表情はどう見ても「凜」としており、素直にこの状況を「**受け入れている**」と同時に、「自ら望んで逆さ吊りになっている」かのようです。

よく見ると、横木にロープの結び目はなく、足首にちょっと引っ掛けているだけです。

後ろに回した両手も、縛られてはおらず、何かを隠し持っているのかもしれません。

枝の赤い断面は、「上が尖った火の玉」のように見えます。形からすると、仏教でいう「如意宝珠（にょいほうじゅ）」、つまり、「願いを叶える玉」です。

サンスクリット語では「チンターマニ」といい、「気づき（チンター）＋珠（マニ）」が語源。

モンゴル帝国の時代にインドからペルシャに入り、近東（アナトリアなどアジア最西部の地中海沿岸地方）の装飾芸術にも広まりました。

日本では、橋の欄干の「擬宝珠（ぎぼし）」**【図53】**、お墓の「五輪塔」などにも見かけます。

ロシアの教会にある「玉ねぎドーム」**【図54】**も同様です。

こうした普及地は、いずれも旧タルタリア帝国の領土であることから、チンターマニには、タルタリアの超技術が隠されていると推測されます。

タロットの制作者が「チンターマニ」を知っていたのなら、おそらくアナトリア経由でしょう。

タルタリア文明圏であったインドで発祥した後は、「PART２」で紹介した「マニ教（ペルシャ）→ボゴミル派（アナトリア→ブルガリア）」というルートに乗り、カタリ派（北イタリア・南フランス）に伝わったのだろうと考えられます。

数字からも、興味深いトリックが見つかります。

まず、カード番号「12」は、十二支、十二方位、黄道十二宮、オリンポス十二神、キリスト十二使徒など、洋の東西を問わず、**時間や世界の全体**を表すために使われてきた数字。

さらに、

・「12」は、「1」と「2」の合成。
・絵の構図は、「樹・男・樹」の「3」列。
・組んだ両脚のポーズは、「4」の字。
・枝の断面（宝珠）は、樹1本につき「6」個。

つまり、カードは「12」の最小公倍数すべてを含み、**世界の全体性**を強調しています。

「12個の如意宝珠」は、「願いがすべて叶う」象徴で、男性は「吊るされている」のではなく、「**自ら受け入れて**秘儀のポーズをとっている」のです。

◆テーマ④…視点を逆転させて見る

その「秘儀」とは、「ムンドゥス・インヴェルス（ラテン語：mundus inversus）」、つまり、「**逆さま世界**」の体験です。

『16世紀フランスの文学・視覚芸術における逆さま世界』（2018）という本の中で、著者ヴィンセント・ロバート・ニコーは、逆さまの世界は、人物、状況、制度を嘲笑し、嘆き、批判し、貶めるために使われる[10]と記しています。

16世紀フランスは、マルセイユ・タロットの制作が普及した時代。

タロット制作者は、「逆さま世界」の考えから着想を得たのだと思われます。

逆さまになると、善悪の価値観、社会階級などが、反対の像を投げかけてくる。

カードは、「**相反する世界を受容する**」ことの大切さを訴えているのでしょう。

カードの語源

「吊るす」を意味する英語「Hang」は、ゲルマン祖語「*hangāną（吊るす）」、さらに、印欧祖語「*konk-（吊るす）」に由来します。

一方、仏語「Pendu」、伊語「Appeso」は、それぞれ「pendre」、「appendere」の過去分詞・形容詞形で、語源は、印欧祖語「*pend-（吊るす）」です。

ちなみに、「ペンダント（pendant）」は、「首から吊るすアクセサリー」という意味です。

英語名と、仏語・伊語名は、語源系統は違うものの、どちらも、「吊るす」という原義で共通していることが分かります。

数秘「12」の意味

「12」は、1桁目に着目し、「2」と読み替えます。

数秘「2」は「**相反・受容**」の意味を持ちます。

また、「12」は前出のように、「十二支」、「黄道十二宮」など、**時間や世界の全体性**を表します。

つまり、「12吊るし人」は、「逆さまの視点から**相反する**世界を眺め、**受容する**」ことを表徴。

「02女教皇」の**相反・受容**というテーマが、再び巡ってきているのですが、第2ラウンドにいる「12吊るし人」は、苦行を**受け入れ**なければならないことから、タスクの次元が上がっているわけです。

リーディングでの解釈

◆正位置の場合

「吊るし刑」の意味から、**しんどい、身動きが取れない**、「苦行を受け入れる」ことから、**試練、忍耐、自己犠牲、奉仕**といった解釈となります。

また、「相反する世界を受容する」というカードメッセージから、**視点を変える、相手の気持ちになる、執着を手放す、我欲を捨てる**を表します。

「12吊るし人」は、「何かに囚われている」ときに、よく現れるカードです。

パートナーと喧嘩をして以来、連絡がない。復縁したいけれど、相手がどう思っているか不安。

配偶者が以前から浮気していることに気づいているが、子供のことを考えると離婚を切り出せない。

仕事にやりがいを感じないが、辞められない。

パートナー、配偶者や子供、上司・同僚・取引先・クライアントなど、周囲のひとの立場に立ち、「逆さまの視点で考えてみると、物事が客観的に見えてきて、ヒントが見つかる」ことがあります。その気づきが、結果的に「執着を手放す」ことにつながります。

◆**逆位置の場合**

「吊るし刑・苦行」の反対の意味として、**解放される、リラックスする、自由に振る舞う**、「世界を受容する」の反意として、**自己主張、固定観念、執着、我欲に囚われる**、正位置の悪い側面として、**やせ我慢、自暴自棄になる**という解釈が得られます。

逆位置カードが現れた場合は、「リラックスしよう」、「やせ我慢は禁物」など、多角的なアドバイスとして捉えましょう。

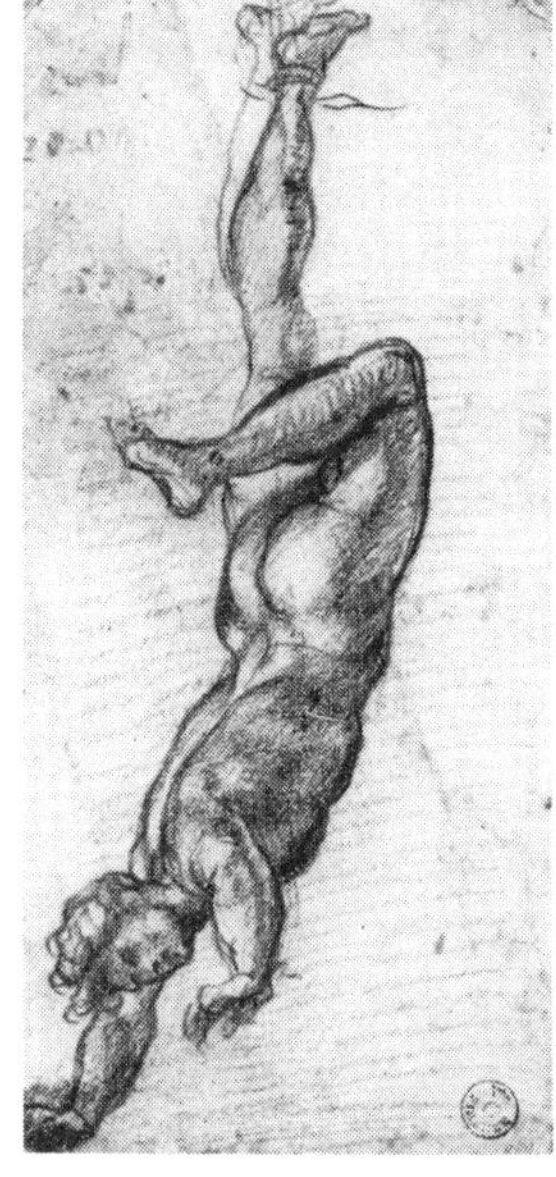

【図52】
《「吊るし人」の見せしめ画》アンドレア・デル・サルト、1529－1530年

【図54】
聖ワシリイ大聖堂、1555年建造

【図53】
擬宝珠（伊勢神宮・宇治橋）、1619年建造

13 死(し)

すべてをリセットし、再び「生命」を「表出」させる

Death(英)/ La Mort(仏)/ La Morte(伊)

❶頭頂・鼻・顎の皮膚が剝ぎ取られている
❷えぐり取られた目
❸肌色の頭・身体=物質世界
❹空色の腰・背骨(チャクラの通り道)、左手・左脚(潜在意識)=霊力の象徴
❺血糊のついた大鎌
❻王冠を被った男の頭部

数秘 3 ▶	生命・表出
正位置 ▶	終わりを迎える、結論が出る、別れる、離れる、避けて通れず / 再スタート、心機一転、リセット、白紙に戻る、再生、改革、刷新
逆位置 ▶	ダラダラ続く、結論が出ない、長期化、腐れ縁 / 変われない、同じことを繰り返す、マンネリ化 / 良くない結末、産みの苦しみ

Roots of the Card

美術史から推定される絵柄のルーツ

《死の勝利(ペトラルカ『凱旋』より)》

14世紀

【図55】

❶「LE TRIVMPHE DE LA MORT(死の勝利)」の文字
❷大鎌を持った骸骨が、女性の身体の上に君臨
❸折れた柱=物質世界の崩壊

▶作者不詳

フィレンツェ近郊の街アレッツォ出身の詩人・人文主義者フランチェスコ・ペトラルカの叙事詩『凱旋』(1352)に登場する挿絵。

▶「骸骨姿の死神」は、叙事詩『凱旋』によって普及した主題です。
▶詩は、「愛」の夢→「貞潔」が続く→「死」がそれらに勝利→「名声」は残る→「時」には勝てない→最後の勝者は「永遠」の順に展開します。
▶万物を切り裂く「大鎌を持つ死神」のルーツは、ギリシャ神話の大地と農耕の神クロノス。ローマ神話のサトゥルヌス、英語のサターン(Saturn 土星)に相当し、最高神ゼウスの父親です。

このカードのテーマ

◆テーマ①…死

大鎌を持った「**骸骨**」が黒い大地を歩いています。

あたり一面には、ちぎれた手足や生首、人骨が散乱しており、真っ赤な血糊がついた大鎌は、骸骨がたった今、人々を切り刻んだことを物語っています。

画面右下に転がる「王冠を被った男の頭部」は、「07 戦車」の若き王でしょうか。

未来を洞察し、戦略を追求するために使った「頭」も、行動の源であった「手足」も、バラバラにされて、もはや**意味を失って**います。

前進する（戦車を動かす）には、「いったん、**破壊される**必要がある」という暗示でしょう。

骸骨は、大地に突き刺した片脚を軸にして身体を旋回し、大鎌で獲物を刈り取ります。

その回転は、「生と死の螺旋運動」、すなわち、死が生を刈り取り、そこから**また命が芽生える（＝再生する）**ことを表しているのです。

骸骨の身体は、地上の物質世界を表す「肌色」ですが、チャクラの通り道である背骨、潜在意識を示す左手・左脚の一部は「空色」で、**霊力**を象徴。

このカードには名前はついていませんが、便宜上、英語で「Death（死）」と呼ばれます。

日本語では一般的に「**死神**」と呼ばれますが、「骸骨姿で描かれる死神」は、「**死**」の象徴として、西洋美術で繰り返し使われてきた定番モチーフです。

◆テーマ②…運命の糸を断つ女神アトロポス

カードの便宜上の仏名「La Mort」、伊名「La Morte」も、「**死**」を表し、ローマ神話では**死の女神モルタ**（Morta）として登場、ギリシャ神話では**アトロポス**です。

アトロポスは「運命の三女神モイライ」のひとり。

3柱の女神には、それぞれ役割があり、クロートーは「運命の糸を紡ぐ」、ラケシスは「糸の長さを測る」、アトロポスは「**糸を断ち切る**」ことになっています**【図56】**。

人間の一生は糸のようであり、その運命は、糸を扱う三女神によって決まるのです。

運命の糸を断ち切るアトロポス（Ἄτροπος／Atropos）は、「戻さない・帰さない者」を意味し、「亡くなった幼児を支配する」といわれました。

命の帰趨を左右する役柄をクローズアップするために、「鋏を持った女性」（ときには怖そうな老婆）として描かれることもあります**【図57】**。

後世、死神が骸骨姿で描かれるようになると、「鋏」は「大鎌」に形を変えました。

◆テーマ③…メメント・モリ

「**メメント・モリ**（memento mori）」は、ラテン語で「**死を忘れることなかれ**」という意味の警句です（英：Remember to die）。

古代ローマで、「将軍が凱旋パレードを行った際に発せられた」と伝えられています。

「将軍は、今は絶頂にあるが、明日はそうであるか分からない」ということを、後ろに立つ使用人が将軍に思い起こさせる役目を担当していたのです。

「07 戦車」のモデルのひとり、ローマ皇帝マルクス・アウレリウスは、『自省録』で、「すべての**死すべきものがいかに儚いか**、いかに意味があるかを考えよ」と呼びかけました。

時代が下り、中世、ルネサンス期は、戦争や疫病、異端審問、魔女狩りなど、誰もが常に死と隣り合わせのような時代でした。

そうした背景のなか、キリスト教では、「現世での楽しみ・贅沢・手柄などは虚しい。**来世に想いを馳せよ**」というニュアンスが強調されていきます。

◆テーマ④…死の舞踏

「メメント・モリ」の代表的主題を表したものが《**死の舞踏**》**【図58】**です。

「ある日突然、死が訪れ、身分や貧富の差なく、無に帰してしまう」というテーマです。

14世紀から15世紀にかけて、英仏間の百年戦争（1337－1453）によって、戦役・ペストによる死者が後を絶たなくなり、葬儀・埋葬も追いつかず、いかなる祈禱も人々の心を慰めることはできない状況が発生しました。

教会では生き残った人々に対して「メメント・モリ」の説教が行われ、遅かれ早かれ、いずれ訪れる死に備えるように説かれましたが、死への恐怖と生への執着に取り憑かれた人々の間で、集団ヒステリーが発生します。

そして、祈禱の最中、墓地での埋葬中、広場などで自然発生的に半狂乱になって倒れるまで踊り続ける様相は、**「死の舞踏」**と呼ばれました。

「死を前にした人々が、恐怖を忘れるために半狂乱になって踊り続ける」という14世紀のフランス詩が起源という説もあります。

◆テーマ⑤…死の勝利

イタリアでは、フランチェスコ・ペトラルカ（1304－1374）の叙事詩『凱旋』（1352年）にちなみ、**「死の勝利」**または**「死の凱旋」**という主題が普及しました。

「勝利」も「凱旋」も、イタリア語では同じく「トリオンフィ Trionfi（英：Triumph）」です。

『凱旋』は、6篇の詩で成り立っており、次のように進行します。

①愛（Amore）：春の日に詩人が見た「愛」の夢
②貞潔（Pudicizia）：「愛」に「貞潔」が続く
③死（Morte）：「死」がそれらに勝利する
④名声（Fama）：死後も「名声」は残る
⑤時（Tempo）：「名声」も「時」には勝てない
⑥永遠（Eternità）：最後の勝者は「永遠」

ここでは、「踊る骸骨」ではなく、「大鎌を振りかざす死神」が描かれています**【図55】**。

この作品からインスピレーションを受け、人々で賑わう酒場に大鎌を持った死神が突然やって来る絵や、累々と続く死体の列の上を戦車が進み、その上で死神が誇らしげに大鎌を振りかざしている絵など、様々なバリエーションが登場しました。

叙事詩『凱旋』は、中世で一般的だったラテン語ではなく、イタリア語（＝俗ラテン語）で書かれたため、一般の人々からも親しまれ、その人気は、ダンテの『神曲』（1357－1362）と並び称されるほどでした。

◆テーマ⑥…大地と農耕の神クロノス

ギリシャ神話にも、万物を切り裂く「大鎌」を持つ神が存在します。

大地と農耕の神クロノス（Κρόνος / Kronos）で、ローマ神話の**サトゥルヌス**（Saturnus）、英語の**サターン**（Saturn）に相当。巨神族ティターンの長であり、天空神ウラノスの次に全宇宙を統べた神々の王、最高神ゼウスの父親でもあります。

クロノスは、母である女神ガイアや自分の兄姉が、父ウラノスに虐げられたことに怒り、ガイアと共謀してウラノスの性器を大鎌で切断してしまいます**【図59】**。

天空神を大鎌で襲うクロノスのイメージが、「死神」像に反映されたといえるでしょう。

◆テーマ⑦…時の神クロノス

ペトラルカの『凱旋』では、「死」に「名声」が勝ち、「名声」に「時」が勝利します。

その**「時」を司る神**がギリシャ神話におり、紛らわしいのですが、こちらも**クロノス**（Χρόνος / Khronos）といいます。

英語では、「Chronos」または「Chronus」といい、「chronology（年代学）」、「chronicle（年代記）」などの言葉にも、「chron＝時」が含まれています。

時の神クロノスは、古代ギリシャの密儀である「オルフェウス教」に固有の神。

オルフェウス教は、紀元前6世紀頃に発祥したとされ、グノーシス主義やカタリ派同様、「霊肉二元論、輪廻転生、禁欲を守ることによる輪廻からの最終解脱」などを教義としていました。

カードの語源

英語名「Death」は、ゲルマン祖語「*daupuz（死）」、さらに、印欧祖語「*dheu-^{3}（死）」に由来します。

「*dheu-^{3}（死）」は、他の印欧祖語「*dheu-^{1}（立ち昇る、煙）」や「*dheu-^{2}（流れる）」と発音が同じです。ということは、言語学上、根本の語源も同じということになります。

つまり、古代人は、「死」を「魂が煙のように立ち昇り、流れ去る」現象と考えていたのでしょう。

一方、仏語名「Mort」、伊語名「Morte」は、「mourir（死ぬ）」、「morire（死ぬ）」の過去分詞・形容詞形「死んだ」で、語源は、印欧祖語「*mer-（死ぬ）」、または、「*smerd-（苦痛）」です。

数秘「13」の意味

「13」は、1桁目に着目し、「3」と読み替えます。数秘「3」は「**生命・表出**」の意味を持ちます。

「13」は、西洋では**不幸な数**として有名です。

その由来は、「最後の晩餐(ばんさん)」において、13番目に裏切り者ユダがいたからというのが、一般的な解釈。

一方、ユダヤ教の神秘思想「カバラ」では、「13の天国の泉」、「慈悲の13戸の門」など、「13」は**吉兆**となります。

「03女帝」は、ストレートに「**生命の表出**」を象徴していますが、「13死」は、「**死の表出**」であると同時に、生命が「**再生する**」ことを表します。

リーディングでの解釈

◆正位置の場合

「生命を刈り取る死神」の主題から、**終わりを迎える、結論が出る、別れる、離れる、避けて通れず**を表します。

また、「死後の再生」という意味合いから、**再スタート、心機一転、リセット、白紙に戻る、再生、改革、刷新**といった解釈が生まれます。

不倫相手との関係が最近、マンネリ化している。彼と3年交際しているが結婚の話題が出ない。会話のない夫婦関係が長年続いている。

大きなトラブルがあるわけではないけれど、「このままでいいの？」という状況下で現れるカード。

「そのまま続けていても、人生を浪費するだけ。この辺でリセットしてみましょう」という暗示です。

「再生には痛みも伴います」が、有意義なこと。

シンプルに、「何かが終わる」予兆でもあります。

◆**逆位置の場合**

「死、終末」の反対の意味として、**ダラダラ続く、結論が出ない、長期化、腐れ縁、**「再生」の反意から、**変われない、同じことを繰り返す、マンネリ化**といった解釈が可能です。

正位置の悪い側面として、**良くない結末、産みの苦しみ**いう象意が得られます。

逆位置は、「何かが邪魔して再スタートできない」暗示。その原因を探ってみることが大事です。

【図56】
《運命の三女神》作者不詳、1510年頃－1520年頃

【図57】
《運命の三女神》ポール・トゥマン、19世紀

【図58】
《死の舞踏》ミヒャエル・ヴォルゲムート、1493年

【図59】
《ウラヌスを去勢するクロノス》ジョルジョ・ヴァザーリ、16世紀

14 節制（せっせい）

流れを読み、対立を調和して世界を「安定化」させる

Temperance（英）／Tempérance（仏）／La Temperanza（伊）

❶水色（霊性）の翼を持つ女性天使
❷ 2つの水瓶で、水色の液体（水銀）を調合している
❸左（過去）を向いた視線

数秘 4 ▶	安定化
正位置 ▶	節度、自制心、道理をわきまえる、流れに沿う、プロセスを尊重する、距離を保つ、状況に合わせる ／ バランス、調和、協調、中庸
逆位置 ▶	節度がない、強引、無理をする、自分本位、不調和、不自然、想定外のハプニング ／ 臆病、慎重すぎる、自分に厳しすぎる

Roots of the Card

美術史から推定される絵柄のルーツ

《節制》

1585-1589年

【図60】

❶翼を持つ女性天使

❷２つの水瓶で、液体を調合している

▶作／ヤコブ・マサム(1571-1631)

バロック初期の版画家ヘンドリック・ホルツィウス（1558-1617）の弟子で、作品は、ホルツィウス風の精緻なタッチで描かれています。

▶翼のある女性（＝天使）が両手に「水瓶(すいびょう)」を持ち、中の液体を一方から他方へ注ぐ様子が、カードの絵に似ています。

▶キリスト教哲学からは、「意志の奔流が方向性を失うのを制御する」行為にたとえられ、錬金術の解釈では、男性性と女性性、意識と無意識など、相反するものを「調合する」様子と考えられます。

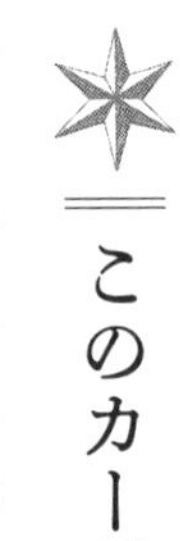

このカードのテーマ

◆テーマ①…枢要徳の「節制」

天使が、両手に「水瓶（すいびょう）」を持ち、液体を一方から他方へ注いでいます。

よく似た版画作品【図60】を、オランダの彫版工ヤコブ・マサム（1571－1631）が制作しており、オランダ語の題名《Matigheid》は、ドイツ語で「Mäßigkeit」、英語で「Moderation」。すべて、「**適度、穏健、節度、節制**」という意味です。

「節制」は、古代ギリシャ由来の「枢要徳（＝四元徳）」のうちのひとつで、「智慧（09 隠者）」、「剛毅（11 力）」、「正義（08 正義）」の並びの最後に登場し、4つのうち最重要と考えられていました。

フィレンツェ出身の画家ピエロ・デル・ポッライウォーロ（1441－1496）は、フィレンツェの商業裁判所から「七元徳」の絵画制作を依頼され、《節制》（冷水と湯を混ぜ合わせる構図）【図61】を含む6枚を1470年に描き上げました。

キリスト教哲学者ヨゼフ・ピーパー（1904－1997）が「節制」を、人間的な本質意志の奔流が破壊的に流れ出、その方向性を失ってしまうのを防ぐ堤防にたとえているように[11]、カードは、「節制によって**意志の奔流を制御する**」ことを表しています。

◆テーマ②…水瓶座ガニュメデス

「水瓶」は「**みずがめ**」とも読みます。

液体は、**水瓶座**の記号「♒」の形をしており、占星術では「高度な知識」を表象するので、この液体は、「叡智」の象徴といえます。

さて、水瓶座を擬人化した存在が、ギリシャ神話の**ガニュメデス**。

トロイの王子で美少年だった彼は、最高神ゼウスに愛され、誘拐された挙句に、「杯」を奉げ持ったり、オリュムポス十二神に「不死の酒」を給仕したりする役に就きました。

「ガニュメデスの誘拐」は、古代より絵画・彫刻の主題とされ、しばしば「大鷲に拉致される」シーンとして表現されています【図62】。

タロットでは、大鷲の翼が人物に一体化され、美少年のガニュメデスは、霊性を表す「水色」の翼を持った「女性的な天使」として描かれています。

◆テーマ③…大天使ガブリエル

天使は、ユダヤ教、キリスト教、イスラム教の聖典などに登場する「神の使い」です。

その存在は無数ですが、ユダヤ、キリスト教では、最も有力な7体を「七大天使」といいます。ミカエル、ガブリエル、ラファエル、ウリエルの「四大天使」に、教派や聖典ごとに異なる「3体の天使」を加えたものです。

そうしたハイクラスの天使の中で唯一、女性的に描かれるのが**大天使ガブリエル**。

「神のことばを伝える天使」で、新約聖書『ルカの福音書』において、聖母マリアにキリストの誕生を告げる「受胎告知」に登場【図63】。

また、旧約聖書『ダニエル書』には、預言者ダニエルに、「わたしは今あなたに、知恵と悟りを与えるために来た」と告げる場面があります。

「最後の審判」でラッパを鳴らし、死者を蘇らせる（＝「20 審判」）のもガブリエル。

さて、水瓶に注がれる液体は「叡智」の象徴でしたが、主人公が大天使ガブリエルだとすると、この液体は、「神のことば」の象徴ともいえそうです。

◆テーマ④…錬金術とメルクリウス

カード名の「Temperance」は、「temper（調合する）＋ance（名詞語尾）」です。

「**調合する**」から連想されるのは、「節制」ではなく、むしろ「**錬金術**（＝卑金属から金などの貴金属を精錬する試み）」。

広義には、「人間の肉体や魂をも対象として、より**完全な存在に錬成**する試み」です。

古代エジプトのアレキサンドリアから、アリストテレスなどのギリシャ哲学を経由してイスラム世界に伝わり、中世アラビアで発展。

12世紀にアラビア語からラテン語に翻訳され、中世、ルネサンス期に盛んに研究されました。

占星術が天文学のもとになっているのと同様、錬金術は化学の祖先といえます。

ここまでの文脈から考えて、カードの主人公は、単に液体を「一方から他方へ注いでいる」のではなく、液体を「**調合**している」のだと思われます。

「水色の液体」は「霊的存在」で、錬金術（＝調合）の成果物は「水銀」でしょう。

水銀は、英語で「mercury」といいますが、頭文字を大文字化した「Mercury」は「水星」、ローマ神話の神メルクリウスを表します。

心理学者カール・グスタフ・ユング（1875－1961）は、メルクリウスを、「対立物が合一すること」の象徴、つまり、「物質であり霊、冷たいが火のように燃え、毒かつ妙薬のような存在」、錬金術の根本表象と考えていました。

2つの水瓶の中身は、陰と陽、男性性と女性性、意識と無意識など、相反する要素を象徴し、天使姿のメルクリウスは、これらを結びつける「**仲介者**」。

メルクリウスは、しばしば、「特殊な杖」を持った姿で描かれます【**図64**】。

この杖は、2匹の蛇が絡みつく二重螺旋の形をとって「超自然的な力」を表しており、ギリシャ語で「ケーリュケイオン（κηρύκειον / kērukeion）」（「09 隠者」参照）、ラテン語で「カードゥーケウス（cādūceus）」と呼ばれています。

この二重螺旋は、2つの水瓶で「混ぜ合わされる液体」の形とよく似ています。

つまり「14 節制」カードは、錬金術によって**相反する要素が結合される**超自然的なプロセスを表していると考えられます。

◆テーマ⑤…錬金術師ヘルメス

メルクリウスは、ギリシャ神話の**ヘルメス**に相当し、神々の伝令使。思考・知覚・コミュニケーションなど、「知性全般を司る神」でもあります。

占星術の「水星（Mercury）」も、知識・知性・言語能力を司る惑星で、クライアントの知的関心の方向や、職業適性を判定するのに重宝されます。

なお、ギリシャの知性神ヘルメスと、エジプトの叡智神トートが習合し、「錬金術師の祖」といわれ

14 節制

た神人がヘルメス・トリスメギストスです。

カードの語源

英語・仏語名「Temperance」、伊語名「Temperanza」は、ラテン語「temperare（混ぜ合わせる・調合する）」の名詞形で、印欧祖語「*ten-（引き伸ばす・拡げる）」に由来します。

中世ヨーロッパやロシアで盛んに描かれた「テンペラ画」は、卵や膠（にかわ）と、顔料を「混ぜ合わせて」絵具をつくり、石膏（せっこう）を塗った木板に描く技法です。

また、ポルトガル由来の「てんぷら」は、小麦粉と水を「混ぜ合わせた」ものを使う料理。

いずれも、言語学的には、「temperare（混ぜ合わせる・調合する）」の仲間といえる言葉です。

数秘「14」の意味

「14」は、1桁目に着目し、「4」と読み替えます。

数秘「4」は「**安定化**」の意味を持ちます。

「14節制」は、水瓶が象徴する**2つの対立要素を混ぜ合わせて「安定化」**させることの象徴。

また、「14」は、「7×2」。

つまり、「内在する神秘」、「未知の探求・洞察」を表す「7」がダブルになった数字です。

2つの水瓶に内在する「神秘（7）の液体」を調合して安定化（4）させる錬金術のプロセス（7×2＝14→4）を表したものといえます。

あるいは、神秘（7）の存在である2匹の蛇が絡み合って超自然的なパワーを獲得する「ケーリュケイオン（二重螺旋の魔術の杖）」の象徴といってもよいでしょう。

リーディングでの解釈

◆正位置の場合

意志の奔流を制御する「枢要徳」の考え方から、**節度、自制心、道理をわきまえる、流れに沿う、プロセスを尊重する、距離を保つ、状況に合わせる**という象意が得られます。

また、「対立要素を合一化させる」錬金術の根本から、**バランス、調和、協調、中庸**といったカード解釈となります。

長年職場で一緒の彼を何とか振り向かせたい。

喧嘩して3か月連絡がない彼女と復縁したい。

お客が減り売上がダウンしたので値上げしたい。

このカードは、「何かを無理をして進めることで軋轢（あつれき）が生じそうな」ときによく現れます。

「道理をわきまえ、流れに沿うことが大事」です。

◆逆位置の場合

正位置の反対の意味として、**節度がない、強引、無理をする、自分本位、不調和、不自然、想定外のハプニング**、正位置の悪い側面として、**臆病、慎重すぎる、自分に厳しすぎる**という解釈になります。

たとえば、「周囲と不調和が生じている」ときのほか、「失敗を恐れるあまり、慎重になりすぎている」ときに、逆位置のカードが出ます。

「中庸が大事」というメッセージです。

【図61】
《節制》ピエロ・デル・ポッライウォーロ、1470年

【図62】
《ガニュメデスの誘拐》ジョルジョ・ジュリオ・クロヴィオ、16世紀

【図63】
《受胎告知》の大天使ガブリエル、レオナルド・ダ・ヴィンチ、1472－1475年頃

【図64】
《メルクリウス》アルトゥス・クエリヌス１世、17世紀

15 悪魔（あくま）

人間を誘惑して「逸脱」行為をさせ、欲望・執着に「統合」する

The Devil（英）／ Le Diable（仏）／ Il Diavolo（伊）

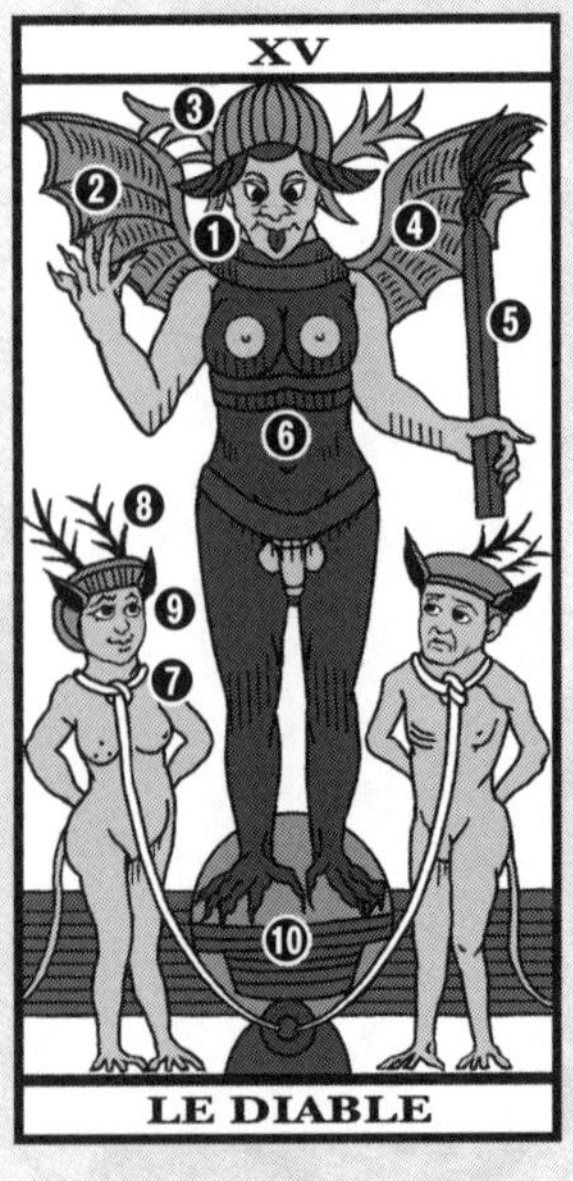

❶舌を出した悪辣な表情＝邪心
❷両手両足に獣の爪
❸黄金の冠、シカの角
❹コウモリの翼
❺手に松明
❻女性の乳房、男性の性器→両性具有
❼２人の囚われ人。じつは、首の縄目はゆるゆる
❽角、尻尾、獣の耳と足指
❾うっとりとした目線
❿踏み台は、悪霊の召喚に使われる「魔法円と三角形」

数秘 5 ▶	逸脱・統合
正位置 ▶	何かに囚われている、執着、依存、束縛 ／ 欲望、誘惑に負ける、快楽に溺れる、性的関係 ／ 不倫、三角関係、反社会的、中毒
逆位置 ▶	立ち直る、自立、克服、自分を取り戻す、気力が回復、束縛から解放される、過去を清算 ／ しがらみから抜けられない、未練が残る

Roots of the Card

美術史から推定される絵柄のルーツ

《冥界の女王、または、イナンナ／イシュタル》

紀元前1800-前1750年

❶顔は正面を向いている
❷鳥か獣の鉤爪の足
❸冠
❹背中に翼
❺両手にシェンリング（接線を持つ円）＝永遠、権威・権力
❻女性の乳房
❼２羽のフクロウを従えている
❽２頭のライオンの上に立っている

【図65】

▶作者不詳

バビロニア第１王朝時代のテラコッタの浮彫。別名『バーニーの浮彫』。

▶主人公「冥界の女王」は、冠らしきものを被り、背中に翼、足には鳥の鉤爪を持ったヌードの女神として、正面から描かれています。
▶カードと比べ、「踏み台→ライオン」、「囚人→フクロウ」に変化。
▶「ライオン＝力」の上に立ち、「フクロウ＝智慧」を従えた女王は、シュメール神話の戦い・豊穣の女神イナンナ／イシュタル。
▶「金星」の象徴で、美と性愛の女神でもあります。

このカードのテーマ

◆テーマ①…サキュバスと性奴隷

黄金の冠を被り、シカの角、コウモリの羽、獣の爪を持った「悪魔」が、松明（たいまつ）を手にして、球と三角形の台の上に立っています。

女性の乳房、男性の性器は、「両性具有」を示していますが、舌を出した悪辣な表情から、純粋で清らかな女性性を偽りながら、人間を騙すための邪心が観てとれます。

シカの角は霊性を示す「空色」ですが、両腕、乳房、男根は地上の人間を示す「肌色」。

悪魔は、霊・肉両面の存在、または、霊性を偽りながら物質性を残した存在なのです。

両性具有の悪魔に、**サキュバス**（Succubus）という伝説の存在があります。

古代ローマ、中世ヨーロッパの民間伝承で伝えられてきた超自然的存在で、男性または女性に**性行為をさせるように誘惑する悪魔**です。

すると、縄につながれている2人は、サキュバスの「**性奴隷**」となった男女でしょう。

囚われ者にしては首の縄目はゆるゆるで、逃げようと思えば逃げられる状態。顔も苦しげどころか、うっとりとした目線をサキュバスに送っています。

すでに悪魔の誘惑に屈した2人には、角と尻尾が生え、耳と足指が獣化しています。

サキュバスは、漫画、アニメ、映画、ビデオゲーム、フィギュアのキャラクターとして国内・国外を問わず非常に人気があり、しばしばタロットの「悪魔」同様、角を生やし、翼をつけたビキニ姿のセクシーな女性として描かれます。

とくに、永井豪（1945−）原作の漫画・アニメ作品『デビルマン』に登場する「妖鳥シレーヌ」は、その典型といえるでしょう。

◆テーマ②…夜の女王、イナンナ／イシュタル

「悪魔」によく似た構図の作品に、『バーニーの浮彫』**【図65】**があります。

紀元前1800年頃、バビロニアで制作されたテ

ラコッタの浮彫で、主人公の「**冥界の女王**」は、冠らしきものを被り、背中に翼、足には鳥の鉤爪を持ったヌードの女神です。

カード同様、正面から描かれていますが、「踏み台ではなく2頭のライオン」、「囚人の代わりに2羽のフクロウ」が登場。

力の象徴であるライオンの上に立ち、智慧を象徴するフクロウを従えた女神は、シュメール神話における戦い・豊穣の女神イナンナ（アッカド語：イシュタル）です。

イナンナは、シュメール語「ニン・アンナ（Nin-anna)」に由来し、「天の女主人」の意。

イナンナ／イシュタルは、「金星」の象徴であったことから、**美・性愛の女神**でもあり、ギリシャ神話のアフロディーテ、ローマ神話のウェヌス（英：Venus ヴィーナス）と同一視されます。

天界の女王イナンナが、姉エレシュキガルの冥界を訪問し、死に至る話を綴った『イナンナの冥界下り』は、シュメール神話の傑作とされています。

「冥界下り」のストーリーは、同じく金星の表徴であった大天使ルシファーが、天界を追放され、堕天使となる物語につながっているようです。

イナンナ／イシュタルは、多産を司る女神でもあり、夫を持ちながら120人超の愛人を抱え、休まず性交しても疲れを知らなかったといわれています。

このような属性から、イナンナ／イシュタルは、サキュバスの原型と考えられます。

◆テーマ③：堕天使・悪魔ルシファー

主人公が両性具有だとすると、男性悪魔のモデルを想定することも可能です。

実際、手にしている「松明」と、「コウモリのような翼」から、主人公は「**ルシファー**」【**図66**】といえます（永井豪の『デビルマン』のモデル）。

ルシファー（Lucifer）は、ラテン語で「ルーキフエル（Lūcifer)」といい、「光（luci）を運んでくる（fer）者」という意味です（松明は光の象徴）。

このことから、ルシファーは、「明けの明星＝金星」の表徴とされ、キリスト教の伝統的解釈では、もともと「全天使の長」、「最も美しい大天使」でした。

ところが、創造主である神に謀反を起こしたため、天から追放されて「**堕天使**」となり、さらに、「**悪魔**」と見做されるようになったといわれています。

これを裏付けるように、ルシファーの別名「**サタン**（Satan）」の由来は、ヘブライ語の「サーターン（שָׂטָן）」で、「敵対者、訴える者」という意味です。

なお、「サターン Saturn（ローマ神話のサトゥルヌス＝土星）」との混同に要注意です。

さて、中世後期から19世紀にかけてのヨーロッパでは、「グリモワール」（別名：黒本、黒書）と総称される「魔術の手引書」が流布しました。

そのグリモワールのなかに、『レメゲトン』（作者不明）という書があり、「ソロモンの小鍵（Clavicula Salomonis）」という副題がついています。

『レメゲトン』は、5部構成となっており、第1部『ゴエティア（Goetia）』には、悪魔を呼び出して願望を叶える手順が記されています。

イギリスのオカルティスト、アレイスター・クロウリー（1875－1947）によって、『ソロモン王のゴエティアの書』という題で出版されました。

ルシファーが立っている「黄色い球と赤い三角形」の踏み台は、悪霊の召喚に使われる「魔法円と三角形」**【図67】**です。

◆テーマ④…串刺し公（ドラキュラ公）

英語名「Devil」、仏語名「Diable」、伊語名「Diavolo」の語源のひとつは、「**串刺しにする**」。

そして、歴史上、「**串刺し公**」**【図68】**と呼ばれた人物が存在します。

ワラキア公国（現ルーマニア南部）の君主**ヴラド3世**（1431頃－1477頃）で、「吸血鬼ドラキュラ」のモデルとしても知られています。

「串刺し刑」は、重罪を犯した農民の刑法として、キリスト教国、イスラム教国において普及していましたが、ヴラド3世は、中央集権を強化するために恐怖政治を敷き、対立する諸侯貴族をも「串刺し刑」に処したことから、たいへん怖れられました。

その評判は後世、父ヴラド2世にまで飛び火し、ヴラド2世は「悪魔公」、ヴラド3世は「悪魔の子」という異名を持つに至っています。

カードの語源

英語名「Devil」、仏語名「Diable」、伊語名「Diavolo」は、古代ギリシャ語「διά / diá（通り抜ける）」＋印欧祖語「*g^{w}ela-^{1}（投げる・届ける）」に由来し、「（悪い言葉を）投げかけて（相手を）貫き通す」、つまり、「呪う・呪詛する」が原義。

語源辞典に載っている解説は上記の通りですが、より直截的に、「貫き通す＝串刺しにする」という語義にならう解釈もあり得ると思います。

＊　両性具有の悪魔「サキュバス（Succubus）」の語源は、ラテン語の合成語、つまり、「sub-（下に）」＋「cubare（横たわる）」です。

サキュバスが女性役の場合は、「男性上位で主導権を与える振りをして、精力を搾り取る」の意味。

逆に、男性役を演じる場合は「女性を上位にして快楽のとりこにさせる」という意味になります。

いずれにせよ、相手を性の奴隷に堕として、体力限界を超えた快楽を味わわせ、最後は「絶命させる」恐ろしい存在と考えられていたようです。

数秘「15」の意味

「15」は、1桁目に着目し、「5」と読み替えます。数秘「5」は「**逸脱・統合**」の意味を持ちます。「悪魔」は人間を誘惑して、さまざまな「**逸脱**」行為をさせる一方、囚われた人間は、悪のもとに「**統合**」されていると解釈できます。

また、完徳者ギョーム・ベリバストが述べたように、カタリ派にとって「教皇＝悪魔」でした。

つまり、「05法王」と「15悪魔」が、同じ数秘「5」を持つのは、偶然ではないのです。

なお、「法王」と「悪魔」のカードには、次のような絵柄上の共通点があります。

・2人の人物（使節、囚われ人）を従えている。
・頭に冠を被っている。
・左手にワンド（杖、松明）を持っている。
・教皇はソロモン神殿の柱がついた椅子に座り、

悪魔はソロモン王が使った「魔法円と三角形」の台に立っている。

このように、「法王」と「悪魔」の共通性は、マルセイユ・タロットの特筆事項のひとつといえます。

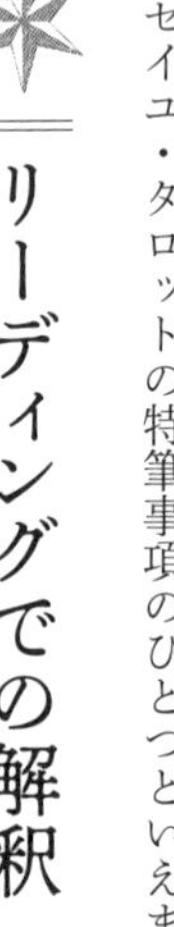

リーディングでの解釈

◆正位置の場合

「囚われ人」から、**何かに囚われている、執着、依存、束縛、**「サキュバス」の影響力から、**欲望、誘惑に負ける、快楽に溺れる、性的関係**を表します。

さらに、「数秘5＝逸脱」から、**不倫、三角関係、反社会的、中毒**といった解釈ができます。

たとえば、不倫のドロ沼、夫婦の不仲、パワハラ職場など、「ネガティブな現状から抜け出せない」のは、「執着がある」ため。

そんなとき、このカードが現れます。

「囚われから逃れるのは、気持ち次第」です。

執着を捨てさえすれば、ネガティブな状況をポジティブに変えていくことができます。

◆逆位置の場合

正位置の反対の意味として、**立ち直る、自立、克服、自分を取り戻す、気力が回復、束縛から解放される、過去を清算、**正位置の悪い側面として、**しがらみから抜けられない、未練が残る**といった解釈が可能です。

逆位置カードは、「解放を望んでいる」ときのほか、「脱却したいが未練がある」といったような場合にも、よく現れます。

【図66】
堕天使ルシファー（『失楽園』より）、ギュスターヴ・ドレ、1866年

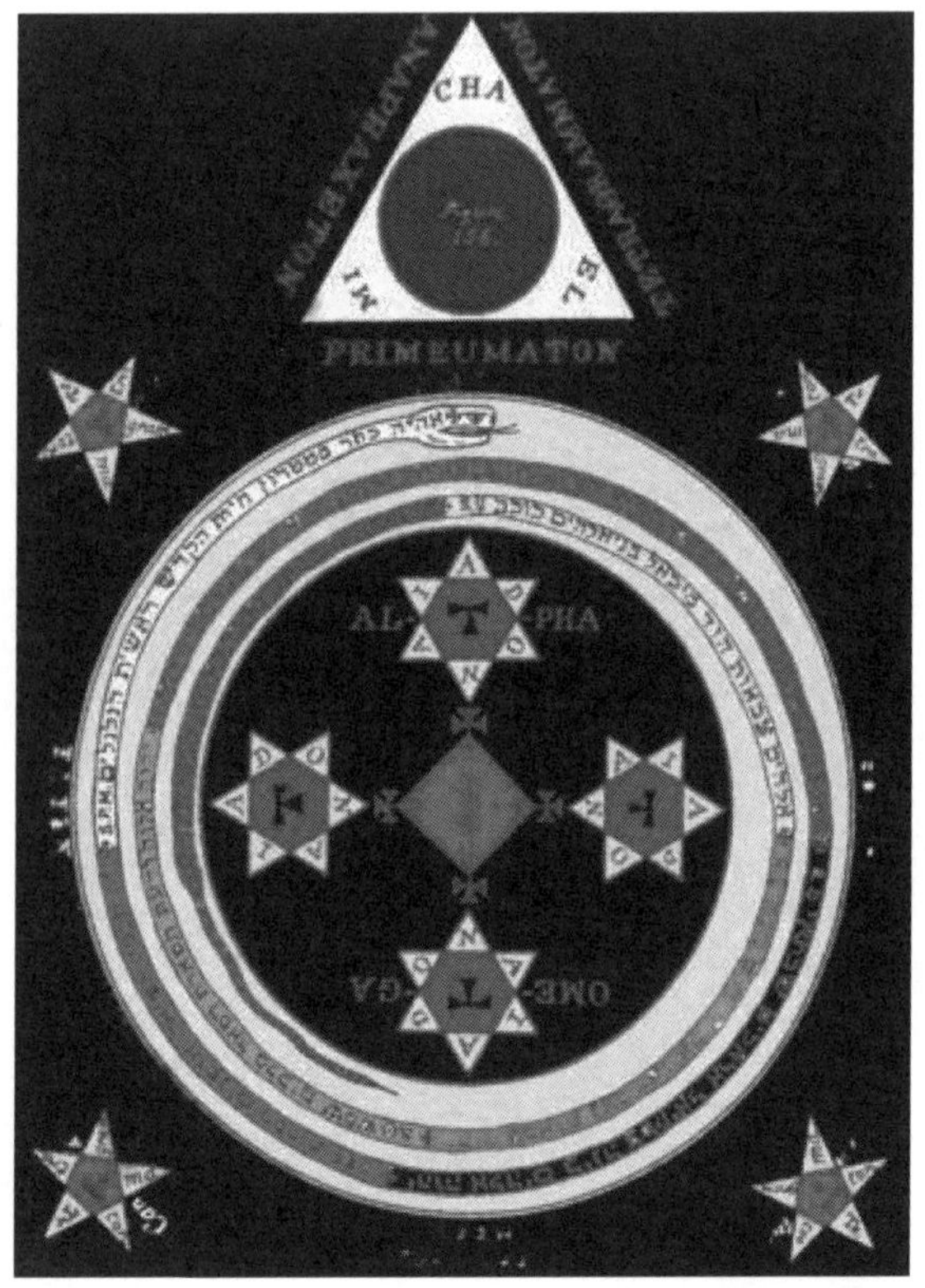

【図67】
悪霊の召喚に使われる魔法円と三角形（『ゴエティア』より)、作者不詳、17世紀

Hie facht sich an gar ein graussem
liche erschröckenliche hystorien. von dem wilden wüt
trich Dracole weyde Wie er die leüt gespist hot vnd
gepraten vñ mit den haübtern yn einē kessel gesotten

【図68】
《ワラキア公ヴラド３世（串刺し公）》作者不詳、1500年

16 塔（とう）

トラブルも、解放も、すべて「神の意志」が作り上げる

The House of God（英）／ La Maison Dieu（仏）／ La Torre（伊）

❶塔の頂部を「稲妻」？が吹き飛ばしている
❷または、神による祝福の「光と王冠」？
❸中世ロマネスク風の窓
❹円筒形の塔
❺崩壊の破片が降り注ぐ
❻または、恩寵の食物「マナ」？
❼転落する（または、難を逃れた）人
❽逃げ惑う（または、脱出する）人

数秘 6 ▶	神の意志
正位置 ▶	事故、損失、積み上げてきたものが崩壊する、衝撃的なできごと、想定外のトラブル　／　執着・囚われから解放される、これまでの自分から脱皮する、考えが一変する、最悪の事態を回避できる
逆位置 ▶	動揺が続く、安定しない、出口が見えない、混乱が深まる

塔

Roots of the Card

美術史から推定される絵柄のルーツ

《バベルの塔の建設と崩壊(『世界年代記』より)》

1335-1345年

【図69】

❶頂部から倒壊する「バベルの塔」
❷中世ロマネスク風の窓・開口部
❸円筒形の塔
❹塔を放棄し、去り行く人々

▶**作/コンスタンティノス・マナセス(1130頃-1187頃)**

マナセスは、ビザンチンの詩人・小説家で、この絵が収められた『世界年代記』は、古代教会スラヴ語訳(ブルガリアの写本)です。

▶『世界年代記』には世界創造から、ビザンチン皇帝ニケフォロス3世の治世終了(1081)までが記され、「バベルの塔」も含まれています。

▶「バベルの塔」の伝説は多くの画家に描かれてきましたが、この絵では、タイトルの通り「崩壊」の様子が示されています。

▶とくに、「壊れた頂部から飛び散る破片、円筒の建物形状、アーチ形の開口部、塔から離れていく人々」が、カードに踏襲されています。

このカードのテーマ

◆テーマ①…バベルの塔

「塔」の頂部が稲妻状のものに吹き飛ばされて、破片のようなものが飛び散り、「外に飛び出す人物」と、「落下する人物」が描かれています。

この塔はまず、旧約聖書『創世記』に登場する「**バベルの塔**」と考えられます。

「天高く神の領域まで届く塔が建てられようとしていたが、**神の怒り**に触れて壊され、人々は各地に散らされた」という物語が表されているという解釈です【図69】。

「**神の怒り**」にたとえられている稲妻は、「神から放出される聖なる力」の象徴です。

バベルの塔は、新バビロニア王国のマルドゥク神殿中心部に築かれた「ジッグラト（聖塔）」で、王ネブカドネザル２世（紀元前６３４－前５６２）の時代に完成した建物とする説もあります。

◆テーマ②…キリストによる義人解放

キリスト教には、「キリストが黄泉（よみ）の国（地獄）を訪れ、サタン（悪魔）に囚われた義人（正しき人々）を解放した」というエピソードがあります。「地獄の征服」【図70】、または、「地獄への降下」といい、新約聖書『ペテロの手紙一』や『エフェソの信徒への手紙』に記されています。

キリストが地獄の扉を杖で打ちつけ、「我が人々を通せ」と命ずると、悪魔たちは慌てふためき、義人たちは解放されたといわれています。

タロットの稲妻は「キリストの杖」、２人の人物は「解放された義人」と思われます。

つまり、このカードは、「神の怒り」ではなく、「**神による救済**」を表しているとも解釈できます。

◆テーマ③…神の家

「神による救済」という解釈は、「**神の家**」という本来のカード名（英：House of God、仏：Maison Dieu）にピッタリ当てはまります。

なぜなら、「神の家」は、「キリスト教会」のほか、中世においては「修道院による病院」を表し、貧しい巡礼者の宿泊所であり、近隣の病人の保護施設でもあったからです。

現に、「ホスト（host＝客を受け入れる主人）」、「ホスピタル（hospital＝病院）」、「ホスピタリティ（hospitality＝もてなし）」は、同じ語源の近親語となっています。

最初の「神の家」は、ビザンツ帝国の時代に、カイサリアという街（アナトリア・カッパドキア地方）の聖バジル（329－379年）によって設立。

よく見ると、カードの「稲妻」は、ギザギザではなく、丸みを帯びた形で描かれています。

そうすると、これは「稲妻」ではなく、「**神の恩寵の光**」を表していると思われます。

また、塔の頂部は、崩壊しているのではなく、恩寵としての「王冠」を頂く様子の表現でしょう。

実際、その形状も、「王冠」を強く示唆します。

つまり、空から降ってくるものは、「塔の破片」ではなく、出エジプト後、飢えたイスラエルの人々に**神から与えられた食物「マナ」【図71】**でしょう。

カードの語源

英語名「House of God」、仏語名「Maison Dieu」は、どちらも「神の家」という意味です。

「House（家）」の由来は、ゲルマン祖語「*hūsą」で、印欧祖語「*(s) keu-（覆う・隠す）」が語源。

「God（神）」は、ゲルマン祖語「*gudą」、印欧祖語「*gheu (ə)-（呼ぶ・呼び出す）」に遡れます。

「Maison（家）」の語源は、ラテン語「mānsiō」、印欧祖語「*men-[3]（留まる）」。

「Dieu（神）」は、ラテン語「deus（神）」に由来し、さらに、イタリック祖語「*deiwos（神）」、印欧祖語「*dyeu-（輝く）」に語源を辿ることができます。

興味深いことに、語源の観点からすると、英語名はカードの下半分、仏語名はカードの上半分の絵柄に対応していることが分かります。

つまり、英語名「House of God」は、建物内に「覆い隠されていた」囚人たちが、キリストによって「呼び出され」、脱出してくる様子を示しています。

一方、仏語名「Maison Dieu」は、天の「輝き（恩寵の光）」が建物の頂部から入って、内部にエネルギーとして「留まる」ことを表しています。

伊語名「Torre」は、英語の別名「Tower」同様、「塔」を表します。

なお、「Torre / Tower」の由来は、ラテン語「turris（塔・砦・高い建物）」です。

数秘「16」の意味

「16」は、1桁目に着目し、「6」と読み替えます。

数秘「6」は「**神の意志**」の意味を持ちます。

つまり、「神の意志」を受けてクーピドが矢を放つ「06 恋人」と似た意味のカードです。

バベルの塔を破壊する「神の怒り」、キリストによる「囚われ人の解放」、神の家に注がれる「神の恩寵の光」、どれも、「神の意志」の表現です。

また、カタリ派弾圧のアルビジョア十字軍を実行したローマ教皇とフランス国王は、「神の代行者」と考えられていたので、モンセギュール城の陥落、トゥールーズの塔の破壊、トゥールーズ伯の没落も、「**神の意志**」によるものと解釈できます。

リーディングでの解釈

◆正位置の場合

「神の怒り」というメッセージから、**事故、損失、積み上げてきたものが崩壊する、衝撃的なできごと、想定外のトラブル**を表します。

反対に、「囚われ人の解放、神の恩寵の光」が示唆するメッセージとして、**執着・囚われから解放される、これまでの自分から脱皮する、考えが一変する、最悪の事態を回避できる**という解釈を得ることができます。

たとえば、恋愛・人間関係・仕事の局面において、「これまでの積み上げが、何らかの理由で危機に見舞われる」予兆として、このカードが現れます。

付き合っている彼に新しい女性が現れる、配偶者の不倫が発覚する、顧客トラブルから風評被害に発展して集客・売り上げが落ちる、など。

トラブルが進行中のときは、「なんとか難を逃れられる」サインとして登場することもあります。

◆**逆位置の場合**

正位置の反対の意味として、「ポジティブ・ネガティブいずれにせよ、神の意志が働かない」ということから、**動揺が続く、安定しない、出口が見えない、混乱が深まる**という解釈になります。

逆位置の「16 塔」カードが出た場合は、「危機がしばらく続く」という暗示なので、一層の注意が必要となります。

【図70】
地獄の征服（『ベリー公ジャン１世の小さな時間』より）、ジャン・ル・ノワールほか、14世紀

【図71】
マナ（『ルター訳聖書』より）、アントン・コベルガー、1483年

17 星(ほし)

「未知を探求」するパワーと「洞察力」を与えてくれる

The Star(英)/L'Étoile(仏)/La Stella(伊)

❶天空に8つの星がまばたく
❷大きな星は、2重の八芒星(シリウスまたは金星)
❸ほか7つの星は、「七惑星」または牡牛座の「プレイアデス星団」
❹裸の女性が2つの水瓶から水を注いでいる
❺願いをかける「うっとりとした視線」
❻エデンの園の「智慧の樹」と鳩(=聖霊)
❼エデンの園の「生命の樹」
❽ナイル川と大地に注がれる水(=恵みの洪水)

数秘 7 ▶	未知の探求・洞察
正位置 ▶	希望、願いをかける / 恵み、願いが叶う、洞察、直感にまかせる / ロマンチックなこと、ワクワクする / 理想を追い求める
逆位置 ▶	願いが叶わない、インスピレーションが湧かない、現実が明らかになる / 理想が高すぎる、自分軸がぶれている、行動が伴わない

Roots of the Card

美術史から推定される絵柄のルーツ

《川の神々(「アモールとプシュケのための祝宴の準備」より)》

1526-1528年

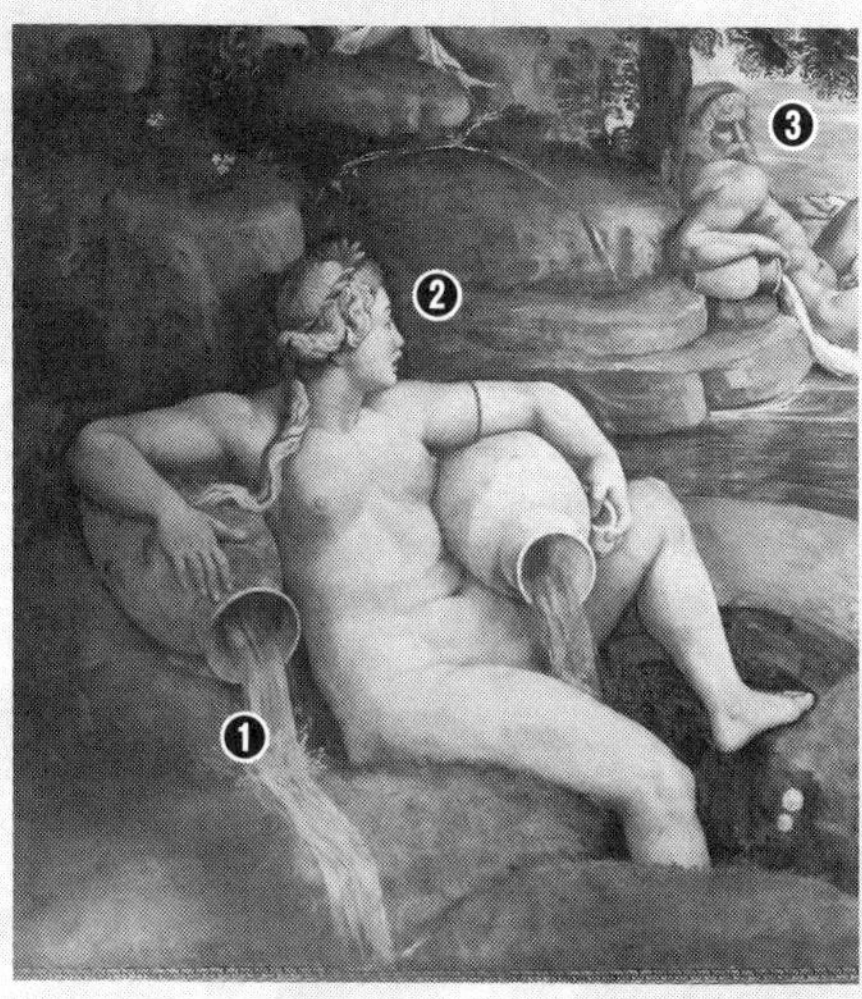

❶川のニンフが2つの水瓶から水を注いでいる
❷人間の王女プシュケとして、アモールと視線を交わす
❸アモール(=エロス=クーピド)が、プシュケに愛の視線を送る

【図72】

▶作/ジュリオ・ロマーノ(1499頃-1546)

ラファエロ工房出身の建築家・画家。本作品は、「パラツォ・デル・テ」の設計とあわせ、「アモールとプシュケの間」に描いたフレスコ画。

▶絵全体の主題は、アモール(=アフロディーテ女神の息子エロス。ローマ神話のクーピド)と、人間の王女プシュケの悲恋をうたうギリシャ神話。

▶「裸の女性(川のニンフ)が2つの水瓶から水を川に注ぐ」様子は、アモールとプシュケの愛の成就を祈念しているようです。

▶「パラツォ・デル・テ」は、マントヴァ侯フェデリーコ2世・ゴンザーガが建てた「離宮」ですが、じつは、愛人を住まわせる建物でした。

このカードのテーマ

◆テーマ①…川のニンフ

天空に8つの星がまばたき、地上では裸の女性が2つの水瓶から水を注いでいます。

天空の「星」と、地上の「水瓶を持った女性」で構成される絵柄は、かなり複雑です。

まず、地上の様子によく似た構図の作品を、ルネサンスの建築家・画家ジュリオ・ロマーノ（1499頃－1546）が描いているので、分析してみましょう。**【図72】**

この絵は、マントヴァ侯フェデリーコ2世（1500－1540）が、ジュリオ・ロマーノに設計を依頼して建てた「パラツォ・デル・テ」に描かれており、絵の制作もロマーノです。

絵全体の主題は、アモール（＝アフロディーテ女神の息子エロス。ローマ神話のクーピド）と、人間の王女プシュケの禁断の恋をうたったギリシャ神話。

建物の表向きは貴賓をもてなす「離宮」ですが、実は、フェデリーコ2世が愛人ラ・ボスケッタを住まわせる「愛の巣」だったといわれています。

つまり、「アモールとプシュケ」は、「フェデリーコ2世と愛人」の偽装なのです。

巨大な絵画の一部として描かれた「裸の女性（**川のニンフ＝妖精**）が2つの水瓶から水を川に注ぐ」情景は、「フェデリーコ2世と愛人」の愛の成就を「**祈念**」しているのでしょう。

そう考えると、カードの上半分を占める「**希望**」の象徴としての「星」につながってきます。

◆テーマ②…シリウスと肥沃の女神ソプデト

中央にあるひときわ大きな星は、黄色と赤、2つの八芒星を重ねたように幾何学的に描かれ、明るさ、パワー、どっしりとした重みが感じられます。

数秘「8」は「**影響力**」を表すので、「2重の八芒星」は「最大の影響力」の象徴です。

カード番号「17」は、「1＋7＝8」となり、こちらも「8：影響力」を示唆しています。

また、「黄色」は「知性・知識」を、「赤色」は「肉体や感覚・感情」を象徴するため、この大きな星は「霊性と肉体性の統合」を表すといえます。

総合すると、この星は、地球から見える最も明るい恒星「**シリウス**」と考えられます。

語源的にも、「スター（英：star, 仏：étoile, 伊：stella)」は、「動かない星＝恒星」。

シリウスは、古代エジプトでは「**ソプデト**」**【図73】**として知られ、第1王朝（紀元前3100頃－前2890頃）の時代にはすでに「ナイルの星」として信仰されていました。

毎年、日の出直前の東の地平線にシリウスが現れる時期になると、ナイル川は年に一度の洪水を起こし始め、エジプトの大地に恵みをもたらします。

そのため、ソプデトは「肥沃の女神」とされ、シリウスは「明けの明星」、「大きい太陽」と呼ばれました（本来の太陽は「小さい太陽」）。

さて、女性が持つ2つの水瓶の水は、一方は水面に、もう一方は地面に注がれています。

女性はソプデト、注がれる水はナイル川が大地にもたらす「**恵みの洪水**」でしょう。

水は大地を潤し、その大地に生える樹木は「生命・誕生・再生」の象徴です。

右手の水瓶は「意識・精神」を、左手の水瓶は「潜在意識・本能」を表し、左右の水が合わさって、「**洞察力**」を生むという解釈もできます。

ちなみに、「17星」の仏語名は、「L'ÉTOILE（レ・トワール）」となるはずです。

ところが、マルセイユ版（コンヴェル版、カモワン版）では、「LE TOILE」です。

これは版画の誤植で、じつは「LE TOULE（ル・トゥール）」ではないかという説があります。

そして、LE TOULE は、南フランス方言で、「井戸や泉」を意味するようです。[12]

そう考えると、「肥沃の女神」の意に合致します。

さて、シリウスの周りを取り囲む小さな星々は、ひとを「惑わす」ような、気まぐれな形をしており、7つあることから、「七惑星」と考えられます。

プラトン（紀元前427－347）が、『ティマイオス』（紀元前360頃）のなかで、「太陽と月と他の5つの星を惑星と呼ぶ」と記して以来、「日・月、および、火・水・木・金星」は、古代から中世・ルネサンスにかけて、「惑星」と呼ばれてきました。

◆テーマ③…金星とイナンナ／イシュタル

中央の八芒星は、メソポタミアでは「**金星**」を意味し、「明けの明星」とも呼ばれるように、カードでは、「白色の明るい空」にまばたいています。

明けの明星は「導き」のシンボル、明るい空は「信頼・知恵・明晰さ・洞察力」の象徴。

背景の「山」は、「越えるべき障害」や、「未知なる未来」を示していますが、樹木にとまっている「鳥（ハト）」は「自由と智慧」を表しています。

さて、「八芒星、金星」は、シュメールの豊穣の女神**イナンナ**（アッカド語：**イシュタル**）の象徴で、ギリシャ神話**アフロディーテ**、ローマ神話**ウェヌス**（英：ヴィーナス）に相当。

「15悪魔」カードにおいては、「冥界の女王＝性愛の女神」の役を演じていました。

一方、「17星」の女性は、お腹に子を宿した「妊婦」として描かれていることから、「豊穣・肥沃の女神」と解釈できます。

ヌードは「真実と純粋さ」の象徴で、片膝を大地につけ、真摯な目線を下に向けたポーズは、未知なる命を育む女性としての「敬虔・献身・信仰・希望」や、「プレイアデス七姉妹」（後述）の資質である「愛・平和」を表しています。

◆テーマ④…プレイアデス

中央の星が「金星」なら、ほか7つの星は、**牡牛座**の「**プレイアデス星団**」でしょう。

プレイアデスは、肉眼でも見えるほど明るいため、古来、さまざまな神話、伝説に登場してきており、日本では「**昴**（すばる）」と呼ばれています。

じつは、カードの絵柄と同じように、金星とプレイアデス星団は、「合（ごう）」の状態（ほぼ同じ位置にある状態）で観測できることがあります。

このタイミングは、8年周期、具体的には「1回おきの閏（うるう）年の4月初旬」に訪れます。

直近では、２０１２年、２０２０年の４月３日に発生。次回は、２０２８年です。

ギリシャ神話では、巨人神アトラースを父とし、海神オーケアノスの娘プレーイオネーを母とする七人姉妹（マイア、エーレクトラー、ターユゲテー、アルキュオネー、ケライノー、ステロペー、メロペー）で、美貌の女神【図74】として登場します。

美人七姉妹は、巨人の狩人オリオンに5年にわたって追われますが、これを憐れんだ全能の神ゼウスの助けで天に逃れ、「7羽の鳩」になりました。

「鳩」は、古代ギリシャ語で「ペレイア（πέλεια／péleia）」で、これが「プレイアデス」という名の由来といわれています。

スピリチュアル界では、「プレアデス星人は、愛と美に溢れて争いごとを好まない」とされていますが、これは、星団のある牡牛座の特徴です。

つまり、「美と平和を探求する牡牛座」の人々の資質を反映した考え方と思われます。

カードの女性も、「プレアデス星人」のひとりと考えることができるでしょう。

カードの語源

英語名「Star」、仏語名「Étoile」、伊語名「Stella」は、印欧祖語「*ster-^{2}（星）」を語源とする言葉です。

同音の言葉に、「*ster-^{1}（堅固な・動かない）」という語があることから、古代人は、「星」を「天界にある不動のもの」と捉えていたことが分かります。

実際、「スター（英：star, 仏：étoile, 伊：stella）」は、「動かない星＝恒星」を意味します。

一方、「動く星＝惑星」は、「プラネット（英：planet, 仏：planète, 伊：pianeta）」といいます。

こちらの語源は、古代ギリシャ語「πλανάω／planáō（さまよう・迷う）」です。

「天界をさまよい、その動きに惑わされる星」なので、「惑星」と呼ばれているわけです。

数秘「17」の意味

「17」は、1桁目に着目し、「7」と読み替えます。

数秘「7」は「**未知の探求・洞察**」を表します。「07 戦車」では、「戦車を操る自助努力」が表されていましたが、大アルカナの旅・第2ラウンド後半（天上界の段階）に位置する「17 星」では、**人智を超えた「天界」のパワー**が強調されています。

また、「17」は「1＋7＝8」です。

つまり、「1＝創造」と「8＝影響力」の数秘を併せ持ち、「**星のパワー**」を暗示しています。

リーディングでの解釈

◆正位置の場合

「星」の基本的な象意から、**希望**、**願いをかける**、2つの水瓶（恵みの洪水、右：意識・精神、左：潜在意識・本能）から、**恵み**、**願いが叶う**、**洞察**、**直感にまかせる**を表します。

ヌードの女神は、**ロマンチックなこと**、**ワクワクする**を象徴しています。

また、美と平和を探求するプレイアデスから、**理想を追い求める**という解釈が成立します。

「17 星」は、「いろいろ考えても答えが出ない」、「さまざまな思いに囚われて頭が混乱している」ときに現れるカードです。

最近、返信が遅いけれど、彼は何を考えている？ 転職すべきかどうか、皆、言うことが違う。

起業セミナーにいろいろ通い、本もたくさん読んだけれど、どうすべきか、余計に分からなくなった。

カードの女性のように、「みずみずしく、フレッシュな自分を取り戻し」、「初心に返る」ことが大事。

彼とどういう関係になりたいのか、自分は何をしているときに一番ワクワクできるのか。

「純粋な願いに身を任せてみる」とよいでしょう。

◆逆位置の場合

正位置の反対の意味として、**願いが叶わない**、**インスピレーションが湧かない**、**現実が明らかになる**、

正位置の悪い側面として、**理想が高すぎる**、**自分軸がぶれている**、**行動が伴わない**が導かれます。

逆位置カードは、「本当の願いが分からなくなっている」サイン。「内省が必要」と解釈しましょう。

【図73】
《ソプデトの半身像》作者不詳、120年頃

【図74】
《プレイアデス七姉妹》エリュー・ヴェッダー、1885年

18 月(つき)

心と感情に「影響力」を与え、現実を揺り動かす

The Moon(英)/La Lune(仏)/La Luna(伊)

❶燦然と輝く月
❷超常現象に向かって吠える犬
❸さざ波の立つ水面にザリガニ(=蟹座)が浮上
❹水面はナイル川
❺じつはバックに太陽=皆既日蝕
❻神殿のような建物

数秘 8 ▶	影響力
正位置 ▶	心が揺れ動く、感情が不安定、依存する / 状況が刻々と変わる / 不安、動揺、葛藤がある / 避けられない事態、見通しがきかない
逆位置 ▶	不安がなくなる、落ち着いてくる、モヤモヤが晴れる、スッキリする / 不安が残る、心配事が続く、一時的な解決にとどまる

Roots of the Card

美術史から推定される絵柄のルーツ

《月(「七惑星と十二星座」より)》

1539年

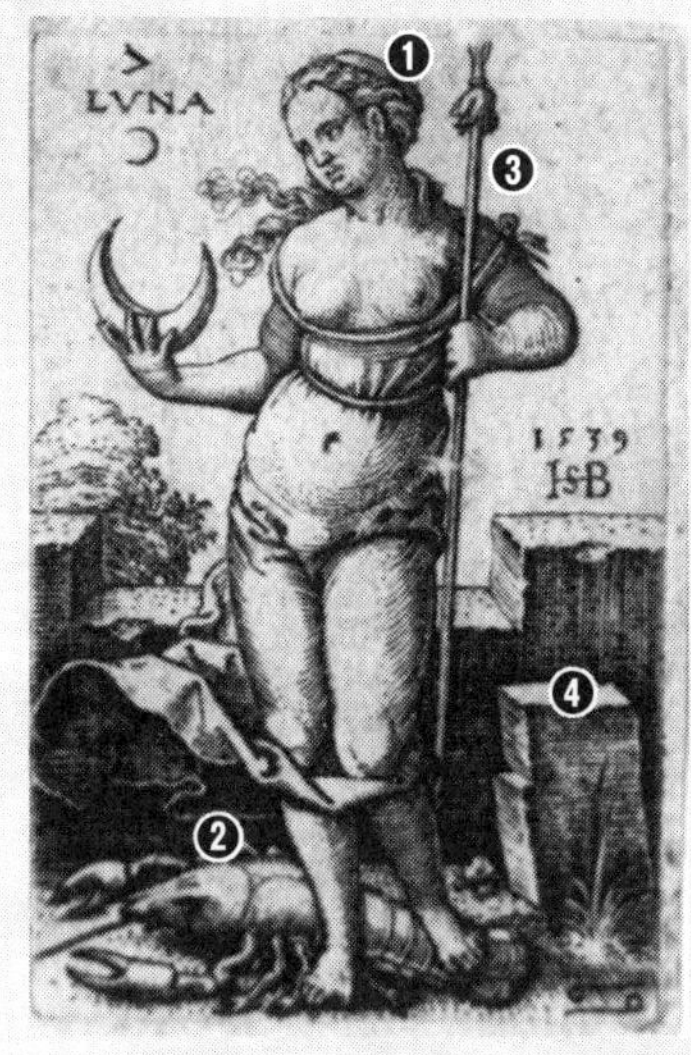

【図75】

❶「LVNA(月)」=月の女神ルーナ
❷ザリガニ(蟹座)を踏みつけている
❸左手(女性性)で持った王笏
❹神殿のような建物

▶作/ゼーバルト・ベーハム(1500-1550)

ドイツのニュルンベルクやフランクフルトで活躍し、宗教・神話等を扱った版画を多く制作。作風的に、デューラーの弟子と推定されます。

▶「LVNA」と書かれた通り、主人公はローマ神話の「月の女神ルーナ」。
▶ほか、「ザリガニ、古い建物」が、カードと共通したモチーフです。
▶「月の女神」が「ザリガニ=蟹座」を踏みつけているように、占星術において、「月」は蟹座の支配星(守護星)。短い周期で変化する「月」と、水・陸を行き来し、内の脆さを守る甲羅を持つ「ザリガニ=蟹」は、「移ろいやすさ」の象徴として一緒に描かれています。

このカードのテーマ

◆テーマ①…月の女神ルーナ／セレーネーと蟹座

天空にかかる月に向かって、2頭の犬か狼が吠え合っており、その手前では、さざ波の立つ池にザリガニが浮上してきています。

題は「月」ですが、「17星」カード同様、多彩なキャラクターによる複雑な絵柄です。

じつは、「**月とザリガニ**」を描いた作品があるので、ここから謎解きを始めます。

連作『七惑星と十二星座』の中の《月》（1539）**【図75】**という版画で、ドイツのゼーバルト・ベーハム（1500－1550）によるもの。「LVNA」と印字されている通り、主人公はローマ神話の**月の女神ルーナ**。

ギリシャ神話の**セレーネー**に相当します。

ルーナ／セレーネーは、「絶世の美女」といわれましたが、この版画でも、乳房を出した豊満な女性として描かれています。

月の女神は、魔術とも関連付けられたことから、左手にあるのは「魔法の杖」。

または、光の象徴「松明」でしょう（ヘレニズム期以降、そうした姿で描かれました）。

さて、「七惑星と十二星座」が暗示するように、「**ザリガニ**」は「**蟹座**」の象徴です。

ザリガニとカニは、西洋では語源が同じであるため、長らく同一視されてきました。

ところで、版画の「月の女神」が「ザリガニ＝蟹座」を踏みつけているように、占星術において、月は蟹座の支配星（守護星）です。

支配星は、「夜と昼」の各星座の代表である「蟹座、獅子座」に「月、太陽」が割り振られ、他の星座には太陽系の並び順に、五惑星（水・金・火・木・土）が割り当てられて決定しています（太陽の通り道「黄道十二宮」は、①→⑫の順に並んでいます）。

①水瓶座：天王星（土星）
②魚　座：海王星（木星）
③牡羊座：火星
④牡牛座：金星

⑤双子座：水星
⑥蟹　座：月
［夜の星座→］
［昼の星座←］
⑦獅子座：太陽
⑧乙女座：水星
⑨天秤座：金星
⑩蠍　座：冥王星（火星）
⑪射手座：木星
⑫山羊座：土星

ただし、古代人が知らなかった「天・海・冥王星」が発見された以降は、元々の惑星（土・木・火）を押しのけて、それらが支配星に就きました。

月は、短い周期（29日）で形を変え、太陽光や惑星の**影響力**を吸収・反射・放出します。

ザリガニは、水中と陸上を行ったり来たりしながら、脱皮を繰り返して環境に適応します。また、硬い甲羅は、内側の脆さを防御するためのもの。

どちらも共通して、「移ろいやすく、敏感・繊細な性質」を持っていることから、「月とザリガニ（＝蟹座）」は、「**揺れ動く心情、感情・気質、感受性、不安・動揺、依存性**」の象徴とされており、これらが、このカードの基本的な象意といえます。

◆テーマ②：三女神

「月の女神」は、月相を反映して3つの顔＝様態を持つ「**三女神**」としても表現されます。

①成長していく三日月（処女・乙女）：狩猟・貞潔の女神アルテミス／ディアナ
②豊穣の満月（夫人・成熟女性・母）：月の女神セレーネー／ルーナ
③欠けていく暗い月（老女）：冥界の女神ヘカテー／トリヴィア

「18月」カードにおいて、「3態」は、次のように描かれているといえるでしょう。

①右側の部分：成長していく三日月
②円の全体部：豊穣の満月
③左の顔部分：欠けていく暗い月

「三女神」に着目すると、カードの主テーマは、「**移ろいやすさ**」という解釈になります。

◆テーマ③…イシス神殿

豊穣の満月セレーネー／ルーナ同様、エジプト神話の**豊穣の女神イシス**も、時代が下ると、「松明」を持つ姿で描かれました。

イシスは、古代エジプトで熱心に崇拝され、ギリシャ、ローマにまで伝わりました。

したがって、ギリシャ、ローマの女神セレーネー／ルーナのモデルは、**イシス**でしょう。

各地に造られた「**イシス神殿**」のうち、ナイル川中州にある「**フィラエ神殿**」（紀元前4－前3世紀）【**図76**】はとくに有名で、カード背景の「2本の塔」を彷彿とさせます。

◆テーマ④…ヘカテーと犬

古代ギリシャにおいて、**冥界の女神ヘカテー**は「**犬を伴った姿**」【**図77**】で表され、女神が現れることは、犬の遠吠えによって予告されたといいます。

また、中世以降は、「松明を掲げて犬を従え、夜の三叉路に現れる」といわれました。

実際、ヘカテーはローマ神話のトリヴィア（Trivia）にあたりますが、その原義は「三叉路（tri 3つの＋via 路）」です。

三叉路には精霊が集まるとされ、古代の人々はそこで集会を開き、神々を傍聴人としました。

ヘカテーの松明は、そのまま「暗い夜道を照らす明かり」となり、また、「これから死にゆく人を冥界に導く灯火」ともなったわけです。

一方、カードの番号「18」は、「1＋8＝9」、つまり、「09 隠者」を示唆します。

したがって、「松明＝暗い夜道を照らす明かり」は、隠者のランタン（＝叡智）を暗示しています。

なお、「犬は死肉をあさる」と信じられたため、「**死**」のイメージによって、「冥界の女神ヘカテーが犬を伴った姿で表される」ようになったのでしょう。

このような文脈によると、「18月」には「**不安、動揺**」という象意が強調されます。

また、肌色の犬は「肉体性」、空色の犬は「霊性」を表し、吠え合う様子は「**心の葛藤**」を表します。

◆テーマ⑤…皆既日蝕

カードの「月」が燦然と輝く様子は、「満月」にしては誇張という印象を受けます。

これは、月の裏で太陽が輝いている、つまり、「**皆既日蝕**」と考えれば腑に落ちます。

かつて、日蝕は超常現象【**図78**】とされ、天空の怪物の仕業ともいわれてきました。

北欧神話の『古エッダ』（9－13世紀）冒頭の「巫女の予言」では、「(狼の姿をした）巨人が月を奪い、死者の肉を食べて天に血をまき散らす」とされ、月を奪う狼は「マーナガルム（Mánagarmr＝月の犬）」【**図79**】と呼ばれています。

カード絵柄の「雫」は、天体から降っているのではなく、まさに「天に血をまき散らす」ように、「月・太陽に吸い上げられて」います。

この様子は、「**避けられない事態・見通しがきかない**」といった象意につながります。

ちなみに、「雫の数は19」で、次の「19太陽」カードの番号と一致。「月蝕が過ぎると太陽が姿を現す」ことが、暗示されているのです。

カードの語源

英語名「Moon」は、ゲルマン祖語「*mēnô（月）」、印欧祖語「*mē-^{2}（測る）」に由来します。

「measure（メジャー、測る）」、「meter（メートル）」、「month（暦の月）」、「menses（メンス・月経）」なども、同語源の言葉です。

「暦の月」、「月経」は、「月」の満ち欠けで「測る」もの。「月」が時間の単位であったことが、これらの語彙から分かります。

同音の言葉に、「*mē-^{1}（心）」という語があり、「mind（マインド・心）」、「mood（ムード・気分）」などが生まれているように、古来、「月と心は関係がある」と考えられてきました。

仏語名「Lune」、伊語名「Luna」の語源は、ラテン語「lūna（月）」、イタリック祖語「*louksnā（月）」、印欧祖語「*leuk-（光、明るさ）」です。

英語の「light（光）」、「illustrate（描く）」、伊語の「luce（光）」なども、同じ語源の言葉です。

「ザリガニ」を表す英語は「crayfish」で、語源はゲルマン祖語「*krabitaz（カニ、甲殻類）」。仏語では「écrevisse（カニという生き物）」、独語では「Flusskrebs（川のカニ）」といいます。ちなみに、「カニ」を表す英、仏、独語は「crab」、「crabe」、「Krabbe」です。

ここまで挙げた言葉はすべて、印欧祖語「*gerbh-（引っ掻く）」が語源。

ザリガニとカニの語源が同じことから、西洋では、長らく同一視されてきたことが分かります。

一方、「カニ」は英語で「cancer」ともいいます。

語源は、ラテン語「cancer」、古代ギリシャ語「καρκίνος / karkínos」で、さらに、印欧祖語「*karkro-」、「*kar-^{1}（硬い）+ *kar-^{1}（硬い）」（＝2重の「硬い」）まで遡ります。

英語の「hard（硬い）」も、同じ語源の言葉です。

こうしたことから、「cancer」は「蟹座」のほか、「癌」（＝硬く病変した部位）も表します。

数秘「18」の意味

「18」は、1桁目に着目し、「8」と読み替えます。数秘「8」は「**影響力**」の意味を持ちます。

第1ラウンドの「08 正義」では、「法・掟を司る女神」による「地上の影響力」がテーマでした。

第2ラウンドに位置する「18 月」では、より**深く、大きい「月」のパワー**が表されています。

リーディングでの解釈

◆正位置の場合

「月とザリガニ」の性質が、**心が揺れ動く**、**感情が不安定**、**依存する**を表します。

「三女神」は、**状況が刻々と変わる**象徴です。

「ヘカテーと犬」からは、**不安**、**動揺**、吠え合う犬からは、**葛藤がある**という解釈が生まれます。

「皆既日蝕」は、**避けられない事態**、**見通しがきかない**という意味につながります。

「18月」は、「心がザワザワしている」ときに現れるカードです。

デートに誘っても、彼からの返事は「この次にしよう」の一点張り。いったい彼に何があったの？

・「仕事の悩みを抱え、気持ちがざわついていて、余裕がない」、「新しい女性が現れ、貴女との間で心が揺れ動いている」などと読めます。

・「貴女が別の男性の影響で揺らいでおり、そのことを彼が察知した」という解釈も可能です。

職場の人間関係が嫌になった。辞めるべきか？

・「仕事そのものにはやりがいを感じている。辞めるのは残念」という貴方の葛藤の表れ。

・「配置転換、転勤など、状況は刻々変わるので、しばらく待つべき」とも解釈できます。

◆逆位置の場合

正位置の反対の意味として、**不安がなくなる**、**落ち着いてくる**、**モヤモヤが晴れる**、**スッキリする**、正位置の悪い側面として、**不安が残る**、**心配事が続く**、**一時的な解決にとどまる**などを表します。

逆位置は、「心のざわつきがない」という暗示。

なお、正位置の「18月」カード自体、次の「19太陽」の出現を暗示するため、「皆既日蝕が終わり、晴れ間が出る」ことの予兆でもあります。

つまり、逆位置と同じ解釈ができるわけです。

【図76】
イシス神殿（フィラエ神殿）、紀元前４－前３世紀建造

【図77】
三女神ヘカテー（推定）、作者不詳、紀元前６世紀頃（アルカイック期）

【図78】
《日蝕を調べる天文学者たち》アントワーヌ・カロン、1571年

【図79】
《太陽と月を追うオオカミ》ジョン・チャールズ・ドールマン、1909年

19 太陽

「叡智」の光、「高潔」なパワーで、この世をあまねく照らす

The Sun（英）／ Le Soleil（仏）／ Il Sole（伊）

❶日蝕が終わり、晴れやかな太陽（＝太陽神ラー）
❷男児には、ヒヒ（叡智の神トート）の尻尾がある
❸冥界から蘇ったオシリス神？
❹女児が男児を迎え入れている
❺イシス女神がオシリス神を迎え入れている？
❻ナイル川の畔
❼上向きの雫は、太陽神ラーの上昇気流
❽神殿の壁

数秘 9 ▶	叡智・高潔
正位置 ▶	物事が明るみに出る、結びつきが深まる、恋愛が成就する、復縁、祝福、満足　／　サポートが得られる、達成　／　純粋、葛藤がない
逆位置 ▶	運気が翳る、挫折、不満足、会えない、別れ、仲違い、失敗、サポートが得られない、邪心がある、葛藤が生じる　／　共依存関係

Roots of the Card

美術史から推定される絵柄のルーツ

《冥界のサインを掲げる太陽神ケプリに、ホルスの目を差し出す２匹のヒヒ》

紀元前400年頃-前200年頃

【図80】

❶ヒヒ（叡智神トート）が「ホルスの目」を太陽神ケプリに捧げる

❷ヒヒ（トート）の頭上に「シェンリング」

❸ドゥアト＝オシリスのいる冥界

❹五角星（シリウス＝イシス）

❺フンコロガシ（太陽神ケプリ）が、ラーを天空に運ぶ

❻円は太陽円盤＝太陽神ラー、シャワーは恵みの太陽光線

▶作者不詳

古代エジプトで制作された石灰岩のレリーフ（浮彫）です。

▶カードの「太陽」は「フンコロガシ（太陽神ケプリ）」に、「地上に注ぐ雫」は「太陽円盤（太陽神ラー）からの恵みの光線」になっています。

▶また、２人の子供を「双子」と考えると、「双子座＝支配星の水星＝メルクリウス＝ヘルメス＝トート＝ヒヒ」という解釈ができます。

▶太陽神ケプリが掲げる「五角星」は、明けの明星シリウス。「太陽とシリウスが一緒に昇るとき、恵みの洪水が起こる」ことを表象。

このカードのテーマ

◆テーマ①：太陽神ケプリ、オシリス、シリウス

燦然と輝く太陽の下、川の流れのほとりで、「2人の子供」が声を掛け合っています。

2人は「同性または異性の双子」のようにも見えますが、左の人物には尻尾が生えています。

「17星」、「18月」同様、難解なカードです。この絵柄と似ている古代エジプトの浮彫をヒントに、謎解きをしてみます。

浮彫は、《冥界のサインを掲げる太陽神ケプリに、ホルスの目を差し出す2匹のヒヒ》【図80】という長い題名で、エジプト末期王朝からプトレマイオス朝にかけて（紀元前400－前200頃）のもの。

中央の昆虫はフンコロガシ（＝スカラベ）で、古代エジプト人は、「糞を転がす」様子を「太陽の動き」と考え、**太陽神ケプリ**に見立てました。

「ケプリ（hpri）」は、エジプト語で「存在し始めるもの」を意味することから、「日の出、朝日、生命の創造・再生」を象徴します。

ケプリが掲げる「円」は、冥界の神聖な裁判官であり、高潔な王であったオシリスが治める死者の領域で、「ドゥアト」と呼ばれます。

ヒトデ状の「五角星」は、明けの明星**シリウス**。太陽が昇る直前に東の地平線にシリウスが現れる時期になると、ナイル川は年に一度の洪水を起こし始め、エジプトの大地に恵みをもたらしました。

そのため、シリウスは、肥沃の女神ソプデトとして神格化され（「17星」参照）、ソプデトは「頭上に五角星を載せた姿」【図81】で描かれました。

また、シリウスは、古代エジプト初期から、豊穣の女神イシスとして崇められました。

ケプリが乗っている「円」は、古王国時代（紀元前2686頃－前2185頃）に、「アテン」と呼ばれ始めた「太陽円盤」で、元々は太陽神ラーの属性のひとつ。

円盤から放射されるシャワーは、「恵みを与える太陽光線」を表しています。

浮彫の前半ストーリー、「冥界のサインを掲げる太陽神ケプリ」は、次のようになります。

①恵みをもたらす太陽神ラーが、ケプリ＝フンコロガシによって天空に運ばれる。（カードの「上向きの水滴」は、上昇気流）

②太陽神ラーが、女神ソプデト＝シリウス＝豊穣の女神イシスと交じり合う。

③光がオシリスの冥界を満たし、**生命の再生＝オシリスの復活**を達成する。

各地の「イシス神殿」は、シリウスの昇る方向に向けて建てられ、恵みの洪水が始まる朝は、太陽とシリウスの光が地平線上で交じり合いながら、神殿内に差し込みました。

タロットの背景にある「壁」は、「イシス神殿」、子供たちが立っている場所は、神殿があったナイル川の中州「フィラエ島」**【図82】**でしょう。

つまり、「18月」カードの舞台が、「19太陽」に引き継がれており、両カードとも、舞台装置はイシス神殿と考えることができます。（「17星」の舞台もナイル川のほとりでしょう。）

◆テーマ②…ヒヒ（叡智の神トート）、ホルスの目

ヒヒは、エジプトの**叡智の神トート**の象徴**【図83】**となることもあります。

トートは、ギリシャ神話では**ヘルメス神**と同一視され、その信仰の中心となった都市は「ヘルモポリス（ヘルメスの＋ポリス）」と呼ばれました。

ヘルモポリスは、上エジプト、下エジプトにあったので、ヘルメス神も2柱存在したことになります。「ヒヒが2匹いる」のは、その影響かもしれません。

トートは、ラーを補佐・守護することから「ラーの心臓」とも呼ばれましたが、このエピソードも、浮彫に描かれている内容と整合します。

「ホルスの目」とは、オシリス神とイシス女神の息子ホルス（天空の神）の両目のことを指しています。

ホルスは、父オシリスを殺したセト（＝オシリスの弟）を討つときに左目（「ウジャトの目」＝月の象徴）を失いますが、トートに癒やされて快復し、その左目を父に捧げました。

右目は「ラーの目」で、太陽の象徴。

古くは、左右両目が「ホルスの目」といわれ、それぞれ、月と太陽の象徴でしたが、後世になって、ウジャトの目、ラーの目に区別されました。

ヒヒの頭上にある「接線を持つ円」は、「シェンリング」と呼ばれ、「永遠」を図化していることから、「権力、権威」を象徴します。

天空神ホルスは、そのシェンリングを携えた「鷲」の姿で描かれます**【図84】**。

つまり、後半のストーリーは、次の通りです。

①ホルスが、権威のシンボル「シェンリング」をトート（ヒヒ）に授ける

②仲介役のトートが、ホルスの左目を、ホルスの父オシリスに捧げる

ここでは、生命の再生（**高潔**な王オシリスの復活）という偉業が、**叡智**（トート）の守護によって**達成・獲得**されたことが語られているのです。

◆テーマ③…2人の人物

「2人の子供」は、3つの読み方ができます。

第1の解釈は、「双子」。

占星術に照らすと、双子座の支配星は「**水星**」。

神話では、水星（叡智の星）＝メルクリウス＝ヘルメス＝トートです。

つまり、「19 太陽：双子」＝「浮彫：2匹のヒヒ」という前出の考察と整合します。

第2の解釈は、オシリスとイシス。

身体つきの違いや、2人とも下半身を隠していることに着目し、画面左は男性、右は女性と考えると、「オシリス神とイシス女神」に見えてきます。

息子ホルスの手柄によって、めでたく再会を果たした夫婦という解釈です。

オシリス（左）：「待たせたね」

イシス（右）：「お帰りなさい。待っていたわ」

という会話が、2人の柔和な視線や、身振り手振りからも聞こえてくるようです。

ここには、「**愛の成就・復活、結びつき、祝福、幸福、満足**」というメッセージが読み取れます。

第3の解釈は、トートとセシャト。

尻尾のある左の男性はトート（ヒヒ）で、尻尾のない右の女性は妻セシャトという見方ですが、これまでに分析したストーリーとは関連を持ちません。

カードの語源

英語名「Sun」は、ゲルマン祖語「*sunnō」に、仏語名「Soleil」、伊語名「Sole」は、ラテン語「sōl」に由来し、いずれも語源は、印欧祖語「*saəwel-(太陽)」に遡ります。

数秘「19」の意味

「19」は、1桁目に着目し、「9」と読み替えます。数秘「9」は「**叡智・高潔**」の意味を持ちます。

「09」と「19」の数秘的意味は基本的に同じですが、孤高の人間の姿をした「09 隠者」と比べ、声を掛け合う2人の子供とともに大きく描かれた「19 太陽」では、**愛情・連帯感の大切さ**や、**宇宙的パワー**が強調されています。

「19 太陽」は「ラッキーカード」ですが、これで「上がり」というわけではなく、このあと、「20 審判」、「21 世界」、「00 愚者」の3枚が控えています。

リーディングでの解釈

◆正位置の場合

「オシリス神の復活・再生、イシス女神との再会」という意味合いから、**物事が明るみに出る**、**結びつきが深まる**、**恋愛が成就する**、**復縁**、**祝福**、**満足**というリーディングが成立します。

「叡智の神トート」が果たした役割からは、**サポートが得られる**、**達成**という象意が得られます。

さらに、カタリ派が重視した「子供の無邪気さ」から、**純粋**、**葛藤がない**という解釈が可能です。

このカードは、「物事が成就しそう」なときよく現れます。

あくまで「叡智を振り絞って努力した成果が明るみになる」という意味で、「突然、ラッキーなことが降ってくる」という暗示ではありません。

喧嘩別れしたパートナーとの復縁、配偶者との関係回復、大事な顧客のクレーム対応……。

現実と向き合い、誠心誠意、改善・好転に向けて行動した事実は、因果応報という形で報われます。

つまり、このカードは「引き寄せが成功する」予兆と考えると良いでしょう。

行動のプロセスは「周囲に伝わる」ので、「サポートやヘルプをもらえる」ことも多いでしょう。

◆逆位置の場合

正位置の反対の意味として、**運気が翳(かげ)る、挫折、不満足、会えない、別れ、仲違い、失敗、サポートが得られない、邪心がある、葛藤が生じる、**正位置の悪い側面として、**共依存関係**という解釈が成り立ちます。

逆位置カードは、「晴れ間が広がる」状況とは反対に、「日蝕に戻る」(「18月」カードに戻る)ような事態を暗示します。

【図81】
女神ソプデト、作者不詳、紀元前1300年頃

【図82】
《イシス神殿（フィラエ神殿）》デヴィッド・ロバーツ、1838年

【図83】
叡智の神トート、作者不詳、紀元前1400年頃

【図84】
ホルス神のお守り、紀元前1254年頃

20 審判(しんぱん)

「霊的」な気づきをもたらし、創造の「可能性」を告げる

Judgement（英）／ Le Jugement（仏）／ Il Giudizio（伊）

❶カード上：『ヨハネの黙示録』
❷大天使ガブリエル
❸鋭い光を放つ雲
❹十字の旗
❺ラッパ
❻カード下：『ヨハネの福音書』
❼母：イシス女神
❽父：オシリス神
❾中央：神の声（ラッパ）を聞き、死者（天空神ホルス）が蘇る
❿棺

数秘 0 ▶	可能性・霊性
正位置 ▶	評価、祝福、結論が出る、自分らしさが戻る ／ 良い知らせがくる ／ 可能性が開かれる ／ 気づきが得られる、自分でしっかり立つ
逆位置 ▶	結論が出ない、評価されない、話が進まない、古い考えに囚われる、過去に執着する ／ 他人任せ、自分勝手な解釈をする

Roots of the Card

美術史から推定される絵柄のルーツ

《肉体の復活》

1502年

❶画像上：『ヨハネの黙示録』
❷大天使ガブリエル
❸十字の旗
❹ラッパ
❺画像下：『ヨハネの福音書』
❻神の声(ラッパ)を聞き、死者が蘇る

【図85】

▶作／ルカ・シニョレッリ(1445頃-1523)
オルヴィエート大聖堂に描かれたフレスコ画。ルカ・シニョレッリの彫刻的な裸体表現は、ミケランジェロに受け継がれました。

▶「雲に乗ってラッパを吹く天使、十字の紋章の旗、地下から蘇る死者、喜び合う人々」が、カードと共通するモチーフです。
▶天使は「神の言葉を伝える大天使ガブリエル」、十字の紋章の旗は「キリストが十字架上で死んだ後に復活する」ことを予告するサイン。
▶「善人は、キリスト再臨時に霊の身体を与えられて復活し、永遠に神の祝福のうちに生きる」というメッセージです。

このカードのテーマ

◆テーマ①…死者の復活と最後の審判

鋭い光を放つ雲とともに空から現れた天使が、十字の旗を持ち、ラッパを吹いています。

地上には、棺から蘇った人物が後ろ向きに立っており、その右には老いた男性が1人、左には女性が1人、計3人が裸の状態で描かれています。

絵柄は、新約聖書『ヨハネの福音書』と『ヨハネの黙示録』の場面の合成です。

地上の様子は、『ヨハネの福音書』5章28－29節の場面を描いたもの。

「墓の中にいる者たちが皆、**神の子の声を聞き**、善を行った人々は、**生命を受けるために蘇り**、悪を行った人々は、**裁きを受けるために蘇り**、それぞれ出てくる時が来るだろう」。

「神の子の声を聞く」とは、「キリストが再臨した際に発する声を聞く」という意味。

「善を行った人々は、生命を受けるために蘇る」とは、「人間は死後、肉体は地に帰るものの、キリストを信じた者の霊は天国に留まり、キリスト再臨時に霊の身体を与えられて復活し、永遠に神の祝福のうちに生きるようになる（＝高い**霊性**の存在として永遠の命を得る**可能性**がある）」を意味します。

「悪を行った人々は、裁きを受けるために蘇る」とは、「キリストを信じなかった者は、最後の裁きを受け、火の池に投げ入れられ、永遠に苦しみを味わう」ことを示しています。

絵画としては、《キリストの復活（再臨）》【図86】と、《肉体の復活》【図85】の2通りがあり、どちらにも、「**復活**（Resurrection）」という題名が付けられます。

「ラッパを吹く天使」が上空にいる場合は、《最後の審判（Last Judgement）》【図87】と呼ばれることもあります。

◆テーマ②…天空の神ホルス＝キリストの復活

では、地上にいる3人の人物は誰でしょうか？

女性の視線は、復活した我が子を迎える母親のように、愛情に溢れています。

男性の方は、天使に感謝の念を送っています。

このことから、中央の人物はエジプトの**天空神ホルス**、両側の人物は、その両親の**オシリス**（父）、**イシス**（母）と考えることができます。

オシリス、イシス、ホルスは、オシリスの弟セトの企みで、皆、一度は冥界入りします。

オシリス、イシスは一足先に復活し、「19 太陽」で再会し、息子ホルスを待っています。

この「20 審判」で、大天使がラッパを吹くと、ホルスが復活して両親と再会。

これはあくまで仮定のストーリーですが、「**ホルスとキリスト**を同一視」する説は過去から存在するので、あながち荒唐無稽とはいえないでしょう。

たとえば、イシスは、処女のままホルスを産んだといわれますが、その「処女懐胎」の逸話がさまざまな密儀と結びつき、篤い信仰を獲得しました。

そして、《息子ホルスに授乳するイシス女神》【**図88**】は、後世の「キリストを抱く聖母マリア」の原型とされています。


実際、これをモチーフにした陶器やブロンズの像は、古代エジプト末期のプトレマイオス朝時代に、広く製作されました。

すると必然的に、ホルスはイエス・キリストの原型ということになり、このカードの復活者は、「**ホルス＝キリスト**」という解釈が成立します。

◆テーマ③…大天使ガブリエル

『ヨハネの黙示録』8章6節から11章19節にかけて、7人の天使がラッパを吹く記載が続くので、「天使がラッパを吹く」カードのシーンは、同書からの引用でしょう。

この天使の名前は、同書からは分かりませんが、**大天使ガブリエル**と特定できます。

キリスト教ではミカエル、ラファエルとともに、三大天使のひとりで、聖書では、「**神の言葉**を伝える天使、神のメッセンジャー」の役割です。

そうした事情から、聖母マリアを訪れてキリストの誕生を告げる「受胎告知」の天使も、「最後の審判」でラッパを鳴らし、死者を蘇らせる天使も、ガブリエルとされています。

大天使がラッパにつけて携えている「十字の紋章の旗」は、「キリストが十字架にかけられて死んだ後に復活する」ことを予告するサインです。

◆テーマ④…創造の可能性と創造神の霊性

「ラッパ」と「閃光」を深掘りしてみましょう。

大天使ガブリエルのラッパは、単なる音ではなく、「**神の言葉**」を発します。

『ヨハネの福音書』は、次のような有名なフレーズで始まります。

「初めに言葉があった。言葉は神と共にあった。[中略] 言葉の内に命があった。命は人間を照らす光であった。[中略] 神から遣わされたひとりの人が [中略] 光についての証しを行うために来た」。

また、旧約聖書『創世記』の1章3節には、次のように書かれています。

「神が『光あれ』と言うと、光があった」。

つまり、「**神の言葉**」と「**神の光**」はセットで、それらが両方、カードに描かれています。

このことから、カードの絵柄は、「キリストの復活」や「肉体の復活」を表しつつ、「**世界の創造**(天地創造)」【**図89**】を示唆しているといえます。

「創造された世界」は、次の「21 世界」が担うことになるので、この「20 審判」では、創造に至る「**可能性**」が予告されているとともに、創造の源となる「**霊性**」が、「**神の言葉や光**」として描かれていると解釈できます。

カードの語源

英語名「Judgement」、仏語名「Juegement」、伊語名「Giudizio」は、いずれも、ラテン語「iūdicō = iūs(法) + dicō(指し示す)」に由来し、「法を指し示す」が原義です。

語源はさらに、印欧祖語「*yewes-(法)」+「*deik-(指し示す)」に遡ることができます。

「*yewes-」からは、「law(法律)」、「just(正しい)」などの単語、「*deik-」からは、「teach(教える)」、「digit(指)」などの単語が派生しています。

カードの主題は、「最後の審判（Last Judgement）」と、「復活（Resurrection）」なので、後者の由来も見てみましょう。

「resurrection」の原義は、「再び真っすぐ立ち上がること」で、「re（再び）＋sur（上に）＋rection（真っすぐであること）」に分解されます。

「rection」の語源は、印欧祖語「*reg-^{1}（真っすぐ）」です。英語の「right（正しい）」、「regular（標準的な）」、「regal（王者の・荘厳な）」などが同源語です。

カード中央、立ち上がる人物を示しています。

数秘「20」の意味

「20」は、1桁目に着目し、「0」と読み替えます。

数秘「0」は**「可能性・霊性」**の意味を持ちます。

基本的に、「10運命の輪」と同じ意味を持っていますが、「20審判」では**霊性**のパワーがアップし、「人間の運命」のみならず、「世界の創造」の扉が開かれる**可能性**が予告され、宇宙的なスケールで描かれています。

その「世界の創造」は、次の「21世界」カードで開示されることになります。

また、「2＋0＝2」なので、ここには数秘「2**（相反・受容）**」の暗示も込められています。

「**相反**」は、「最後の審判」のテーマである「生と死」、「善と悪」、「復活と裁き」を表します。

「**受容**」は、その「審判」を「受け入れざるを得ない」人間の運命を表しています。

全体を表現するなら、**「運命」を受け入れたその先にある「可能性・霊性」**ということになります。

リーディングでの解釈

◆正位置の場合

「審判・復活」から、**評価、祝福、結論が出る、自分らしさが戻る**、「神の言葉」から、**良い知らせがくる**、「世界の創造」から、**可能性が開かれる**という解釈が可能です。

さらに、カタリ派の教義から、**気づきが得られる、自分でしっかり立つ**という読み方ができます。

このカードが出たら、恋愛・人間関係・仕事で、「次のステージに行ける」ことの暗示です。

相手から連絡がある、仕事のオファーが入るなど、「何らかのGOサインが訪れる」でしょう。

◆逆位置の場合

正位置の反対の意味として、**結論が出ない**、**評価されない**、**話が進まない**、**古い考えに囚われる**、**過去に執着する**、正位置の悪い側面として、**他人任せ**、**自分勝手な解釈をする**という象意が得られます。

逆位置カードは、「待て」のサインと解釈し、「状況を打開する」手だてを講じましょう。

【図86】
《キリストの復活》カール・ハインリッヒ・ブロッホ、1881年

【図87】
《最後の審判》ミケランジェロ・ブオナッローティ、1536－1541年

【図88】
息子ホルスに授乳するイシス女神、作者不詳、紀元前680－前640年

【図89】
《天体の創造》ミケランジェロ・ブオナッローティ、1511年

21 世界（せかい）

「創造」された成果であると同時に、次なる「創造」へとつながる

The World（英）／ Le Monde（仏）／ Il Mondo（伊）

❶踊るニンフ（両性具有）
❷左（過去）を向いた視線
❸楕円状の月桂冠
❹人間：水瓶座・冬・風・聖マタイ
❺鷲：蠍座・秋・水・聖ヨハネ
❻雄牛：牡牛座・春・地・聖ルカ
❼獅子：獅子座・夏・火・聖マルコ

数秘 1 ▶	創造
正位置 ▶	到達、達成、成就、完成、全体 ／ 永続性、無限大 ／ 生命、誕生、豊穣、世界の創造、終わりと始まり ／ 合体、調和、統合
逆位置 ▶	未完成、未達成、不満足な結論、挫折、あきらめ、中途半端、不調和、不一致 ／ 限界、不本意な結末、納得がいかない、閉塞感

Roots of the Card

美術史から推定される絵柄のルーツ

《4体の生き物に囲まれた玉座のキリスト（『ブルッフザール写本』より）》

1220年頃

❶玉座のキリスト
❷マンドルラ（アーモンド形）
❸人間：水瓶座・冬・風・聖マタイ
❹鷲：蠍座・秋・水・聖ヨハネ
❺雄牛：牡牛座・春・地・聖ルカ
❻獅子：獅子座・夏・火・聖マルコ

【図90】

▶作者不詳

『ブルッフザール写本』は、別名『シュパイアーの福音書』といい、カールスルーエの州立バーデン図書館に収められています。

▶キリストが「マンドルラ（アーモンド状の楕円）」の中の玉座に座っています。周囲の「テトラモルフ」は、4人の福音書記者を象徴。

▶「玉座のキリスト」は、タロットでは「女性もしくは両性具有の聖霊的な存在」に替えられ、「ニンフ、ヘルマフロディートス、バルベーロー」と解釈できますが、「世界の創造」というメッセージは共通です。

このカードのテーマ

裸の女性が1人、楕円状の月桂冠の中におり、周りに4体の生き物がいます。

「21 世界」は、「20 審判」において大天使がラッパを吹くイベントの続きです。

「第6の御使いがラッパを吹き鳴らした。［中略］すると、4人の御使いが［中略］解き放たれた」という記述が、新約聖書『ヨハネの黙示録』9章13－15節にあります。

これに先立って、4章7節「ヨハネの幻視」に、次の記載があります。

「第1の生き物は獅子のようであり、第2の生き物は雄牛のようであり、第3の生き物は人間のような顔を持ち、第4の生き物は空飛ぶ鷲のようだった」。

四体の生き物は「**テトラモルフ**」といい、旧約聖書『エゼキエル書』にも登場し（「10 運命の輪」）、次のように、4星座、四季、四元素、四福音書記者に対応します。

①人間：水瓶座・冬・風・聖マタイ
②雄牛：牡牛座・春・地・聖ルカ
③獅子：獅子座・夏・火・聖マルコ
④鷲　：蠍座　・秋・水・聖ヨハネ

また、左のように、キリストの生涯も表します。

①人間：人の子としての誕生
②雄牛：十字架（刑死）の生け贄
③獅子：復活（古来、「強さ」の象徴）
④鷲　：昇天（天空へ羽ばたく）

四季（1年）、キリストの生涯（数十年）、星座（2万5772年＝地球の自転軸の傾き「歳差」が黄道十二宮を1周する時間）は、いずれも「**時間**」を象徴するものです。

また、4星座は、黄道十二宮（360度）の代表で、「**宇宙＝空間**」全体の暗示。

風地火水の四元素は、「**全物質**」の象徴。

つまり、これらは「**時間・空間・物質の全体**」で、まさしく「**世界**」の表象といえます。

「01 魔術師」から始まった21枚の大アルカナの旅は、

この「21世界」がラストで、「**到達、達成、成就、完成、全体**」というゴールを迎えます。

「21世界」の数秘も「1」です。

つまり、「∞」を持つ3枚の「1」カードは、いずれも「**無限大**」を暗示しているのです。

◆テーマ②…永遠性、無限大

カードに描かれた楕円状の輪は「月桂冠」。月桂樹（ローレル）の葉の付いた枝をリング状に編んだ輪で、古代ギリシャ・デルフォイの「ピュティア競技祭」では、優勝者に授与されました。

一方、新約聖書『コリントの信徒への手紙一』9章25節には、「厳しい修練を積むことにより、競技者は、朽ちる冠を頂くが、われわれ（キリスト教徒）は、朽ちない冠を頂く」と書かれており、スピリチュアル的な「**永遠性**」が強調されています。

カードの月桂冠には、上下に結び目がありますが、これは、手前と奥に、2つの冠（＝楕円＝0）があり、これらを重ねて結わえてあるためでしょう。

じつは、**無限大マーク「∞」**を二つ折りにしているのでは、とも推測できます。

「∞」は、「01魔術師」と「11力」に、「帽子の形」で登場しますが、これらの数秘は「1」。

◆テーマ③…世界のゲートと新たな生

カードの「女性」を「キリスト」に置き換えると、中世に普及した図になります。

「玉座のキリスト」**【図90】**といい、楕円の中はキリスト、周りはテトラモルフです。

カタリ派の拠点として知られる南仏トゥールーズの教会「聖セルナン大聖堂」にも、この図像の浮彫（1096以前）**【図91】**が残っています。

図形は、正確には「楕円」ではなく、同じ大きさの円を重ねてできる「レンズ状の（＝魚の膀胱のような）形」**【図92】**で、アーモンドに似ていることから、「マンドルラ」（伊語で「アーモンド」の意）とも呼ばれています。

2つの円が重なっていることから、「天国と地上の仲介」、「精神の物質化」、「精神界と物質界を行き来するゲート」の象徴、また、膣口や卵の形状と似ているため、「女性性」や「生命、誕生、豊穣」のシンボルともいわれています。

カードの考案者は、キリストを女性に替えることによって、「**新たな生を得るために別世界へのゲートをくぐる**」というメッセージを込めたのでしょう。

そして、マンドルラの「ゲート」は、大アルカナ旅行の「**終わり**」と、新たな旅の「**始まり**」の両方を示しています。

◆テーマ④…踊るニンフ

「ストールをなびかせて踊る女性」の姿は、「羽衣をまとった天女」を思わせます。

天女は、仏教美術の飛天、インド神話の水の精アプサラス、ギリシャ神話の**ニンフ**【**図93**】など、各地に似たような言い伝えがあります。

ニンフ（Νύμφη / Nymphē）は、山や川、森や谷に宿る精霊で、「**妖精**」の一種。

また、ニンフは、「歌や踊りを好む若くて美しい女性」の姿をしているといわれており、カードの女性もそのように描かれた「踊るニンフ」です。

◆テーマ⑤…両性具有のヘルマフロディートス

このニンフは、4つの理由から「**両性具有**」と考えられます。

①女性らしい乳房があるが、ストールで隠された下腹部が、両性具有を疑わせる。

②男性器の象徴「ワンド（魔法の杖）」と、女性器の象徴「巻き貝」を持っている。

③数秘的に、「21 世界」は、「01 魔術師」（男性）と「11 力」（女性）の合成を暗示。

④2つの円が重なった「マンドルラ」の中心にいるということが、「男性界」と「女性界」の重なりに位置することを示唆。

こう考えると、ニンフは、ギリシャ神話のヘルマフロディートスと特定できます。

ヘルマフロディートスは、その名の通り、ヘルメス神を父に、アフロディーテ女神を母に生まれ、類まれな美少年でしたが、水浴中にニンフのサルマキスに性交を迫られ【**図94**】、ひとつに**合体・調和・統合**して両性具有者となりました【**図95**】。

◆テーマ⑥…統合・調和

「21」という数字は、「12」の逆です。

「21世界」のニンフが踊るポーズは、「12吊るし人」を逆さまにした様子に似ています。

どちらも脚が「4の字」になっており、「数秘4：安定化」を暗示していることは共通していますが、そのプロセスが異なります。

「数秘2：相反・受容」を持つ「12吊るし人」の主題は、**既成の創造物（1）**、つまり、**固定観念から脱して、「正・逆2つの世界」を体験**すること。

「数秘1：創造」を持つ「21世界」のメッセージは、**「2つの領域を統合・調和」して、新しい世界を創造（1）**すること。

2枚のカードのプロセスは、

・「12吊るし人」は「1→2」

・「21世界」は「2→1」

ということになります。

そうしたプロセスを通じて、両者が目指しているのは、世界の「**安定化**（4）」です。

カードの語源

英語名「World」は、ゲルマン祖語「*weraldiz（人生、人間の時代、歳月）」に由来し、語源は、印欧祖語「*wī̆-ro-（人間）」+「*al-[3]（育てる）」です。

一方、仏語名「Monde」、伊語名「Mondo」は、ラテン語「mundus（世界）」に由来し、もともとの語源は、印欧祖語「*men-[2]（積み上げる）」です。

いずれの言葉にも、「時間をかけて創り上げられたもの」というニュアンスが伴っています。

数秘「21」の意味

「21」は、1桁目に着目し、「1」と読み替えます。

数秘「1」は「**創造**」の意味を持ちます。

同種のカードを並べると次のようになります。

・「01魔術師」：**人生の創造**（俗世の旅）

・「11力」　：**スピリチュアル世界の創造**

・「21世界」：**世界全体の創造**

「21世界」は、パワーアップした3回目の創造であると同時に、原点回帰への「ゲート」。

旅人である「00 愚者」が「ゲート」をくぐると、第1ラウンドへ「ワープ」することになります。

つまり、「01 魔術師」という「振り出しに戻り」、大アルカナの旅を永遠に繰り返します。

そう、まさしく「**輪廻転生**」です。

リーディングでの解釈

◆正位置の場合

テトラモルフの「時間・空間・物質の全体性」は、**到達**、**達成**、**成就**、**完成**、**全体**を表します。

また、「∞」が折り重なった「月桂冠」から、**永続性**、**無限大**、「マンドルラ」から、**生命**、**誕生**、**豊穣**、**世界の創造**、**終わりと始まり**、「両性具有のニンフ」から、**合体**、**調和**、**統合**という解釈を得ることが可能です。

正位置カードは、「物事の完成・ゴール・MAXの状態」を意味しますが、「終着点に到達したので、もうそれ以上は進めない」という暗示でもあります。

婚約・結婚、就職・転職、商品やサービスのテスト販売の終了……。

何かの達成を迎えたら、「次のフェーズへのゲートをくぐり、再出発する」ことが人生の宿命です。

◆逆位置の場合

正位置の反対の意味として、**未完成**、**未達成**、**不満足な結論**、**挫折**、**あきらめ**、**中途半端**、**不調和**、**不一致**、正位置の悪い側面として、**限界**、**不本意な結末**、**納得がいかない**、**閉塞感**という象意を得ることができます。

正位置も逆位置も、「終点」を表すわけですが、後者の場合は、「行き止まり」、「暗礁に乗り上げる」というニュアンスが強調されます。

「来た道を少し戻り、再スタートを切ることが必要」と解釈しましょう。

【図91】
《テトラモルフに囲まれた玉座のキリスト》ベルナール・ジルデュアン、1096年以前

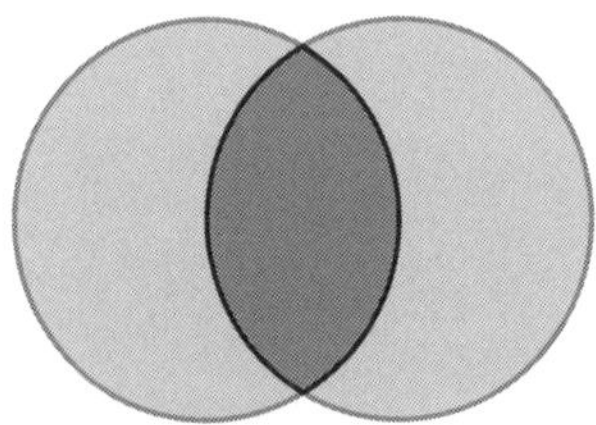

【図92】
ヴェシカ・ピシス（魚の膀胱）

【図93】
《ニンフたち》ウィリアム・アドルフ・ブグロー、1878年

【図94】
《ヘルマフロディートスとサルマキス》バルトロメウス・スプランヘル、1580－1582年

【図95】
《眠れるヘルマフロディートス像》作者不詳、２世紀

00 愚者（ぐしゃ）

「可能性」を求め、「スピリチュアル」な旅に挑む

The Fool（英）／ Le Mat（仏）／ Il Matto（伊）

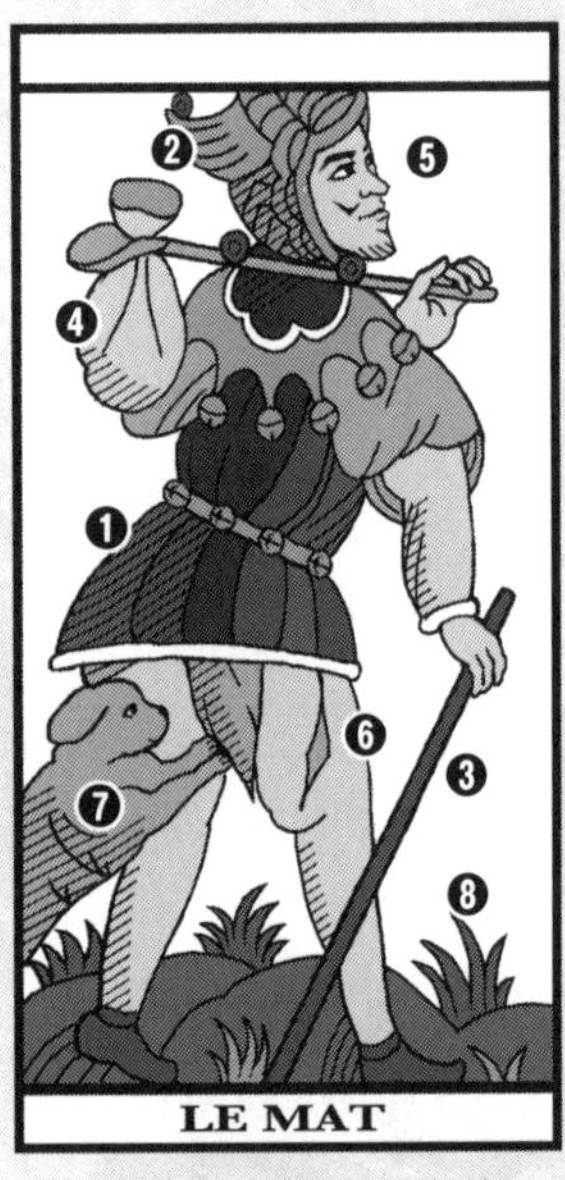

❶派手な配色・装飾の服＝道化師
❷奇抜な帽子
❸杖
❹ひょうたん状の容器
❺右（未来）を向いた視線
❻確かな足取り
❼犬を従えている
❽草が生い茂る荒野

数秘 0 ▶	可能性・霊性
正位置 ▶	可能性、チャレンジ、前進、好奇心、スピリチュアル、自分を信じる ／ 熱中する ／ 自由、自然体、カジュアル、無邪気、独創的
逆位置 ▶	勇気がない、前に進めない、可能性が感じられない、不自由 ／ 軽率、無鉄砲、無責任、奇抜、非現実的、無防備、不安定

Roots of the Card

美術史から推定される絵柄のルーツ

《聖ロクスの木像》

17世紀

❶杖
❷ひょうたん状の容器
❸真っすぐ前を向いた視線
❹犬を従えている
❺足元に広がる荒野

【図96】

▶作者不詳

南イタリア・カラブリア州の街パルミで崇拝されている聖ロクスの木製彫刻。聖ロクスは、巡礼地サンティアゴ・デ・コンポステーラの守護聖人で、一般的に「巡礼者」の姿で描かれます。

▶「杖、ひょうたんを持ち、長衣を身につけ、犬を伴った」巡礼者の姿は、タロットの主人公を彷彿とさせます。

▶1000km以上もの「巡礼は酔狂、愚行」かもしれませんが、「巡礼者は愚者ではありません」。表情には、確固たる意志が表れています。

▶「犬」は、かつて聖ロクスの命を救った「愛すべき相棒」のようです。

このカードのテーマ

◆テーマ①…巡礼者

マルセイユ・タロットの大アルカナ22枚のうち、唯一、「番号を持たない」カードです。

草が生い茂る荒野を男性が歩んでいます。

日差しを遮る「つばのある帽子」、歩行を妨げないように「ウエストを絞った長衣」、軽そうな「半靴」は、長期の旅であることを示唆しています。

右手に「杖」、左手には右肩に担いだ棒の先に「(水かワインを入れた)ひょうたん状の容器」を持っている様子は、キリスト教の聖地を目指す「**巡礼者**」を思わせます。

「杖」は、旅の途中で出くわす野犬や暴漢を追い払うためにも使われたようですが、カードでは、お尻にまとわりつく「犬」を気にせず、一目散に目的地を目指しています。

「巡礼」とは、聖地へ赴いて礼拝する営みで、その具体的な目的は、

①原罪の許しを得て神の好意を得ること(贖罪)
②病気の治癒(奇跡)
③中世の封建権力や、日常生活からの脱却(**未知の世界・自由・可能性へのチャレンジ**)

などでした。

とりわけ、カトリックの総本山ローマ、キリスト受難の地エルサレム、十二使徒で最初の殉教者聖ヤコブゆかりの地サンティアゴ・デ・コンポステーラ(サンティアゴはスペイン語で「聖ヤコブ」)が、カトリックの「3大巡礼地」として有名です。

そのコンポステーラの守護聖人に、**聖ロクス**(1350頃-1379頃)という人物がおり、一般に、「杖、ひょうたんを持ち、長衣を身につけ、犬を伴った」巡礼者の姿で描かれています【**図96**】。

フランスのモンペリエで生まれ、20歳で孤児になった際、すべての所有物を売却してお金を貧しい人々に配り、ローマへの巡礼に旅立ちます。

イタリアで、当時流行していたペスト患者の看護に当たりますが、ロクス自身も感染し、森に逃れていたところにパンを持った1匹の犬が現れて、彼に

食べさせたといいます。

さて、反カトリックを掲げ、16世紀初頭に始まった「プロテスタント」は、「聖書に書かれていない、人間が勝手に作り出した習慣」として、「巡礼」に対して冷淡な立場でした。

たとえば、宗教改革を受け入れたイギリスの詩人ジョン・ミルトン（1608－1674）は、〈聖地巡礼は罪ではないが、間違った考えをもった愚かな者の行為である〉[13]とし、『失楽園』（1667）の第3巻496行目で「The Paradise of Fools（愚者の楽園）」とうたい、カトリックの聖職者もここへ行く、と考えていたようです。

さて、先に触れたように「愚者」カードは無番号なのですが、「**1番から21番の大アルカナを順に渡り歩く**（＝**巡礼する**）」という解釈から、ウェイト版タロットなどでは「0番」をつけており、本書もその考えにならって「00」としています。

◆テーマ②…狂人、酔狂者

「愚者」の英語名は「The Fool」ですが、これは、プロテスタントの側から見たネーミングです。

一方、マルセイユ・タロットを育んだカトリック文化圏の仏語、伊語の名称「Le Mat」、「Il Matto」は、「**狂人、酔狂者**」という意味です。

ジャン・ノブレ版（1650頃）では「Le Fou」、ジャン・ドダル版（1701）では「Le Fol」。

どれも、古フランス語（9～14世紀）、中世フランス語（14～17世紀初頭）で「**常軌を逸した、熱狂的な**」という意味で、英語「Fool」と語源を同じくする言葉が使われています。

多くが貧しかった中世のキリスト教徒が、危険を顧みず、1000㎞以上も離れた聖地に徒歩で赴くのは、周りからすると、まさに「**酔狂、狂信的**」に見えたでしょう。

ちなみに、初期キリスト教の使徒パウロ（不詳－60頃）による『コリントの信徒への手紙一』4章1節には、「私たち（使徒）はキリストのために**愚者**となり（We are fools for Christ）」と書かれています。

これは、「キリストは、神であるにもかかわらず人間となり、常識からすれば無謀すぎることを行った。我々だって**愚者**と言われても仕方がない」という意味です。

注意すべきは、「**巡礼は愚行**かもしれないが、**巡礼者は馬鹿ではない**」ということ。

巡礼は確固たる目的を持って行われたわけですし、そのことは、主人公の「はっきりとした意志を表す表情」を見ても明らかです。

◆テーマ③…道化師

男性の衣装は、「派手な配色や装飾（奇抜な帽子、首と腰の鈴）」を見る限り、質素な巡礼者のものというより、明らかに、ひとの眼を惹くことを目的としているようです。

ここから、「**道化師**」という解釈も成り立ちます。マルセイユ・タロットの絵柄は15－16世紀に成立したと考えられるので、描かれているのは、中世からルネサンス期の「**宮廷道化師**」でしょう。

15世紀フランスの写本にも、カードを彷彿とさせる絵**【図97】**が描かれています。

宮廷道化師は、王族・貴族に雇われたエンターテイナーで、主人や招待客を楽しませるのが仕事。

小人症などの障碍から「愚者」として笑いものにされつつ、「おどけ役」を演じたり、歌や音楽、アクロバット、奇術などの芸を披露して「場を膨らませたり」する役回りです。

一方で、君主に向かって無礼な発言も許される「自由」が与えられていたようで、多くの場合、その愚行は「神聖なものに触発された」ものと考えられていました。

カードが「無番号」であることも、宮廷道化師の「**自由**」を暗示しています。

宮廷道化師は、英語で「ジェスター（Jester）」。その特殊な役柄は、トランプの特別カード「**ジョーカー**（Joker）」**【図98】**にも反映されています。

奇抜な衣装も、「愚者」の主人公そっくりです。

カードの語源

英語名「Fool」は、ラテン語「follis（ふいご・革袋、おしゃべり・頭が空っぽの人）」に由来し、語源は、印欧祖語「*bhel-[2]（吹く・膨らませる）」です。

英語名「Fool」に「道化師」という意味もあることは、このことからも分かります。

仏語、伊語にも、それぞれ「Le Fou / Le Fol」、「Il Folle / Il Follo」という別名があり、これらの語源も「*bhel-[2]（膨らませる）」です。

一方、仏語名「Mat」、伊語名「Matto」は、ラテン語「mattus（酔っぱらった）」に由来し、印欧祖語「*mad-（湿った・濡れた）」が語源です。

仏語名「Mat」には、語源がもう一つあります。

系統的には、パーリ語「मत / mata」、サンスクリット語「मृत / mr̥ta」、インド・イラン祖語「*mr̥tás」と同じ言葉で、「死んだ」を意味します。

究極は、印欧祖語「*mr̥tós（死んだ）」、「*mer-[2]（こすり落とす、傷つける）」に遡れます。

チェスの用語に、「チェックメイト（王手詰み）」という言葉がありますが、これは、「王（check = king）」が「死んだ（mate）」という意味です。

つまり、仏語名「Mat」には、「カタリ派の死」という歴史的事件が封印されているわけです。

数秘「00」の意味

数秘の0は「**可能性・霊性**」を意味します。

同じ数秘「0」の「10 運命の輪」、「20 審判」と基本的には同じ意味を持つカードです。

が、「1」や「2」が混じっていない純粋な「0」は、「**円＝完全性**」の象徴が際立つために、大アルカナ22枚が構成する「**旅**」の**ラスト**を飾ると考えるのが自然でしょう。

リーディングでの解釈

◆**正位置の場合**

「巡礼者」は、**可能性**、**チャレンジ**、**前進**、**好奇心**、**スピリチュアル**、**自分を信じる**を表します。

また、「酔狂者」から、**熱中する**、「宮廷道化師」から、**自由**、**自然体**、**カジュアル**、**無邪気**、**独創的**という象意が導かれます。

カードの人物は、「愚者」という名前の正反対、

「賢者」といってもいいほどのキャラクターです。

大アルカナ20枚の旅を終え、「21 世界」のゲートをくぐって再び旅立つ、「勇気ある人物」なのです。

この「00 愚者」カードは、たとえば、恋愛・人間関係・ビジネスにおいて、「新たな可能性にチャレンジするべき」局面でよく現れます。

「可能性」を味方にして「引き寄せ」を成功させるには、「スピリチュアルな純粋さ」も必要です。

「感情・思考・行動の三位一体」を整えたら、「自分を信じ、自然体で」歩き出しましょう。

周囲から「酔狂」と思われても、気にする必要はありません。他人や世間への忖度も無用です。

自分が「ワクワクする」ことに注力しましょう。

◆逆位置の場合

正位置の反対の意味として、**勇気がない**、**前に進めない**、**可能性が感じられない**、**不自由**、正位置の悪い側面として、**軽率**、**無鉄砲**、**無責任**、**奇抜**、**非現実的**、**無防備**、**不安定**という解釈が可能です。

つまり、逆位置カードは、「可能性が感じられず、前に進めない」、「勇気が持てずに歩み出せない」状態を暗示します。

たいていの場合、その原因は「自己肯定感の低さ」。「自分＝ダメ」という観念への執着です。

【図97】
《宮廷道化師》(15世紀フランスの写本より)、作者不詳

【図98】
トランプのジョーカーの一例

PART 4

タロットに封印された「カタリ派」の秘伝

1 カタリ派が封印した「裏のストーリー」

大アルカナ22枚は、全体として「ひとつのストーリー」を構成することを「PART2」で説明しましたが、その物語は、「異端カタリ派」の誕生・秘伝や、「カトリック（体制側：ローマ教会＋フランス国王）」との攻防を描いた「歴史絵巻」と考えることもできます。

カタリ派にとっては、こちらの物語がホンモノで、体制側の弾圧を逃れるために、「PART3」で紹介したような「カトリック色の強い人生絵巻」で偽装したのでしょう。

それぞれのカードは、カタリ派または体制側に関わる歴史上の人物、できごと、建築物、カタリ派の教義を示しており、一覧化すると次のようになります。

番号・カード	カタリ派	体制側：ローマ教会＋フランス国王
01 魔術師	至高神	
02 女教皇	女性的神格バルベーロー 女性聖職者 マンフレーダ・ヴィスコンティ	

03 女帝	エスクラルモンド・ド・フォワ	ブランシュ・ド・カスティーユ
	聖母マリア	
04 皇帝	トゥールーズ伯レーモン6世	神聖ローマ皇帝フリードリヒ2世
05 法王	ソロモン神殿の柱	ローマ教皇インノケンティウス3世
	ボゴミル派司教ニケタス	
06 恋人		トゥールーズ伯レーモン7世
		ベアトリス・ド・プロヴァンス
		ブランシュ・ド・カスティーユ
		アルフォンス・ド・ポワティエ
		ジャンヌ・ド・トゥールーズ
07 戦車		シモン・ド・モンフォール
08 正義	殉教	
09 隠者	放浪説教師アンリ・ド・ローザンヌ	
	ヴァルド派始祖ピエール・ヴァルド	
10 運命の輪	輪廻転生	
11 力	カタリ派女性の剛毅	フランス国王ルイ8世（獅子王）

19 太陽　　犬とオオカミ、教会の犬
　　　　　子供のような無邪気さ・高潔さ
　　　　　月と太陽の主役交代
　　　　　兄弟的連帯
20 審判　　スピリチュアルな覚醒
21 世界　　女性の聖霊
　　　　　両性具有のバルベーロー
00 愚者　　生き残り
　　　　　放浪伝道師ヤコポーネ・ダ・トーディ
　　　　　完徳者

2 各カードの秘伝（アルカナ）

それでは、各カードの中身を順に見ていきましょう。

CATHAR

01 魔術師

古代末期のユダヤ教と、そこから派生した最初期キリスト教を知るための重要資料に、『ナグ・ハマディ文書』といわれるパピルス写本群があります。

1945年にナイル河中流域の街ナグ・ハマディ付近で発見されたもので、1947年にパレスチナで発見された『死海文書』と並んでとても有名です。

この『ナグ・ハマディ文書』写本群のひとつに、4世紀半ばに筆写された『コーデックス（冊子写本）Ⅱ』というものがあり、その中に『ヨハネのアポクリュフォン』（ヨハネの秘密の書）【図99】という文書が収められています。

ここに書かれているのは、グノーシス派の世界創造・救済神話です。

◆至高神（カタリ派）

カタリ派は、信徒に手をかざして「完徳者」として認めるための特別な儀式（コンソラメントゥム）を行う際、この『ヨハネのアポクリュフォン』を用いたのですが、そこには、「世界の初めには『万物の父』と呼ばれる**至高神**だけが存在していた」とあります。

大アルカナの「01 魔術師」は、「トリックを使って観客を驚かせ、創造神のごとく立ち振る舞う存在」として描かれており、「グノーシス主義」の開祖ともいわれる「魔術師シモン（シモン・マグス）」がモデルになっているとも考えられます。

つまり、「01 魔術師」は、カタリ派に影響を与えたグノーシス主義の「**至高神**」です。

CATHAR
02 女教皇

◆女性的神格バルベーロー（カタリ派）

『ヨハネのアポクリュフォン』は次のように進行します。

「世界の初めには『万物の父』と呼ばれる至高神だけが存在していたが、ある時、彼は『霊の泉』に映った自分の姿を見る。するとそこから、自分の鏡像である『バルベーロー』が発出した。『バルベーロー』は女性的存在であったが、万物に先立つ思考を担い、母＝父であり、聖霊でもあった」。

グノーシス主義の「**女性的神格バルベーロー**」こそ、「02 女教皇」の正体と思われます。

しかしながら……。「この世の悲劇」は、ここから始まります。

「大アルカナ」の姿とはだいぶ異なっていますが、「01 魔術師」が辿ることになる「苦難の旅」の舞台が作られていく様子を、簡単に記しておきます。

・至高神とバルベーローから、独り子「アウトゲネース」が誕生
・アウトゲネースから、12の「アイオーン（高次の霊、超越的な世界）」が流出
・12のアイオーンの末端「ソフィア（知恵）」が、自分の影像を欲したところ、「蛇とライオンの外貌を呈した子＝ヤルダバオート」が誕生
・ヤルダバオートは、「12の天使」を産出
・12の天使とは、ヤオート（白羊宮）、ヘルマス（金牛宮）、ガリラ（双子宮）、イョーベール（巨蟹宮）、アドーナイオス（獅子宮）、サバオート（処女宮）、カイナン（天秤宮）、アビレッシネ（天蠍宮）、イョーベール（人馬宮）、ハルムピアエール（磨羯宮）、アドーニン（宝瓶宮）、ベリアス（双魚宮）で、「天の黄道十二宮」に相当
・ヤルダバオートは、さらに、7人の王（惑星）、1週間を司る天使など、全部で360（あるいは365）の天使群を産出

ヤルダバオートは、グノーシス主義における「この世を造った偽りの神」に相当し、旧約聖書に「ヤハウェ」の名で登場して愚劣な行為を行い、傲慢を誇示している神です。

その被造物が、プレーローマ界（充溢した光の世界）から堕ちた天使（堕天使）です。

グノーシス主義も、「この世には悪が充満しており、その原因は、創造主が不完全な世界を造ったことにある」とし、「不完全を完全にしていくのがこの世の姿で、現在も創造の最中で

ある」と考え、「不完全な創造主」を「デミウルゴス」と呼びました。

◆女性聖職者（カタリ派）

女性を悪魔的存在と考えたカトリック教会と異なり、異端カタリ派においては、**女性聖職者**として高位の職を女性が務めることもありました。

「女教皇」のモチーフは、彼らのそうした文化に馴染むものだったといえるでしょう。

女教皇の膝の上にある「ページの開かれた書物」も、そこに書かれた完全なる叡智は万人が読むことができる[1]というカタリ派の教義を表しています。

〈創造主の計画は、最後の審判によってのみ明かされるという教会の教えとは異なり、人間は誰でも自らの物語を書く力を有している[2]〉ことを、カードは伝えているのです。

◆マンフレーダ・ヴィスコンティ（カタリ派）

このカードのモデルは、**マンフレーダ・ヴィスコンティ**（不詳－1300。別名：マイフレーダ・ダ・ピロヴァーノ）**【図100】**だという説もあります。

親カタリ派・反ローマ教皇の風土で知られるミラノの領主マッテーオ・ヴィスコンティ（在位1295－1322）の従姉妹にあたります。

【図99】
『ヨハネのアポクリフォン』作者不詳、4世紀

【図100】
ヴィスコンティ版「女教皇」(ピアモント・モルガン・ベルガモ版)、ボニファチオ・ベンボ、1474年

原始キリスト教的な清貧を掲げた「抑謙修道会（フミリアーティ）」の弟子を導いたボヘミアのグリエルマ（１２１０－１２８１）の指導を受けていましたが、その死後、マンフレーダはフミリアーティの主導的立場に就き、修道院長を務めました。

１３００年にはミラノで「最高位の女性聖職者」になっています。

実際、ヴィスコンティ版タロットの「女教皇」は、尼僧が着るような茶色の法衣に身を包んでいますが、頭に被った「三重冠」は、最高権威者である「教皇」のシンボルです。

皇帝派「ギベリン党」を率いたマッテーオの親族マンフレーダは、反教皇のはずですが、「教皇」として描かれたのは、体制側からの弾圧を逃れるための偽装でしょう。

CATHAR
03 女帝

◆エスクラルモンド・ド・フォワ（カタリ派）

アルビジョア十字軍（１２０９－１２２９）の時代、ラングドック地方のカタリ派リーダーには女性も含まれており、彼女たちが「女帝」のモデルになった可能性があります。

フォワ伯レーモン・ロジェ（１１５２－１２２３）の姉で、一般信徒と区別されていた「完徳者」（＝カタリ派の教義を完全に実行する者）に列せられた**エスクラルモンド・ド・フォワ**

（1151以降－1215）【図101】も、その候補のひとり。

彼女は人々のために学校や宿泊所を建て、カタリ派最後の砦となった「モンセギュール城」の相続人として、城の強化・修復に携わりました。

エスクラルモンド（Esclarmonde）という名前は、「世界の明るさ」を意味します。

◆聖母マリア（カタリ派）

キリストの母である「**聖母マリア**」もまた、「女帝」モデルの重要な候補です。

徳・謙虚さ・憐みを象徴する至高存在としての「聖母」への信仰は、12世紀から急速に普及していき、フランス中の聖堂が「ノートル・ダム（我らの女性＝聖母）」【図102】と改名されるほどの人気で「全能の神」を脅かすまでに至ります。

カードにイエス・キリストが登場しないのにもかかわらず、聖母マリアが描かれているということ自体、マルセイユ・タロットの異端（カタリ派）志向を示すといえるでしょう。

◆ブランシュ・ド・カスティーユ（体制側）

3人目のモデル候補は、フランス王ルイ8世の王妃**ブランシュ・ド・カスティーユ**（1188－1252）【図103】です。

【図102】
荘厳の聖母（シャルトル、ノートルダム大聖堂のステンドグラス）、作者不詳、12世紀

【図101】
エスクラルモンド・ド・フォワ

【図103】
《ブランシュ・ド・カスティーユ》作者不詳、13世紀

「カスティーユ」という姓の通り、スペイン中部カスティーリャの国王アルフォンソ8世と王妃レオノールの三女として、バレンシアで生まれました。

夫のルイ8世が１２２６年に早世すると、ブランシュは12歳で即位したルイ9世（在位１２２６－１２７０）の摂政となり、長きにわたりフランスの政治に影響を及ぼしました。

カタリ派弾圧のアルビジョア十字軍にも精力的で、１２２８年に一大拠点トゥールーズを奪い、１２２９年にはカタリ派を擁護していたトゥールーズ伯レーモン7世を寝返らせて「パリ協定」を締結。これによって十字軍は終結を迎えました。

協定には、ルイ9世の弟でフランス王子のアルフォンス・ド・ポワティエとレーモン7世の娘ジャンヌ・ド・トゥールーズの婚姻などが盛り込まれ、その結果、トゥールーズをはじめとする南仏一帯はフランス王国に取り込まれることになります。

カードに描かれた「鷲の盾」は、彼女の政治手腕の高さを表しているのでしょう。

ブランシュには子供が12人か13人おり、また、吟遊詩人としても知られたシャンパーニュ伯ティボー4世との間に浮名を流すなど、強い恋愛体質の女性であったようです。

◆神聖ローマ皇帝フリードリヒ2世(体制側)

フリードリヒ2世(1194-1250)は、イタリア中部のイェージで、神聖ローマ皇帝ハインリヒ6世とシチリア王女コンスタンツェの間に出生。シチリア王(在位1198-1250)、ドイツ王(在位1196-1198、1212-1250)、**神聖ローマ皇帝**(在位1220-1250)を歴任し、知識人としても知られています【図104】。

フリードリヒ2世の治世は、アルビジョア十字軍(1209-1229)の時期と重なり、十字軍を主導したインノケンティウス3世とは、切っても切れない関係にあります。

シチリア王位は、(母の関与により)教皇インノケンティウス3世から戴冠。母の死後、孤児となってからは、インノケンティウス3世の後見を受けました。

13世紀にはいって、カタリ派の異端者は区別なく火刑に処せられるようになりましたが、フリードリヒ2世は、こうした動きと同調し、1224年に、「教会によって異端とされた者を当局に委ね、火刑に処すべきこと」を定めました。

「女帝」モデルのひとり、ブランシュ・ド・カスティーユが定めた「パリ協定」(1229)は、このような背景で締結されたもので、この一件はアルビジョア十字軍を終結させただけでなく、さらに、異端審問官の創設につながっていきます。

【図104】
《フリードリヒ２世のパレルモの宮廷》アルトゥール・フォン・ランベルク、1865年

【図105】
《トゥールーズ伯レーモン６世の破門》ルネ・アンリ・ラヴォー、1889年

◆トゥールーズ伯レーモン6世（カタリ派）

「皇帝」は「王の中の王」という意味ですが、実際のところ、（フリードリヒ2世は例外として）神聖ローマ皇帝の力が及んだのはドイツ領のみで、他のヨーロッパ地域は地元の有力諸侯に実効支配されていました。

なかでも、レーモン家（Raymond Family）はイギリス、フランス、アラゴン（スペイン）王家との政略結婚を通じ、ヨーロッパ全域を手中に収めていました。

アルビジョア十字軍の頃、ラングドック地方を治めていたのは、カタリ派を擁護していた**トゥールーズ伯レーモン6世**（１１５６－１２２２）【図105】で、「04 皇帝」のモデル候補です。

CATHAR

05 法王

◆ローマ教皇インノケンティウス3世（体制側）

「05 法王」が**インノケンティウス3世**だとすると、２人の人物は「**教皇使節**」でしょう。

教皇使節はペアで旅するという伝統があり、カードはそれを踏襲した絵になっています。

実際、インノケンティウス3世は、１１９８年の法王就任後、異端カタリ派弾圧に向け、〈二名の特別使節、**レニエ**ならびに**ギイ**に全権を与えて、ラングドックに派遣〉(3)しています。

または、〈領土からの異端派駆逐をトゥールーズ伯レーモン6世に迫るために、1203年に教皇が特別使節として派遣したフォンフロワドの修道士**ピエール・ド・カステルノー**（1170頃－1208）と**ラウール**〉[4]であったかもしれません。

ピエールは何者かに暗殺されますが、その事件はフランス国王軍をアルビジョア十字軍に参加させる口実となりました。

あるいは、異端排斥などを目的とした〈「第4ラテラノ公会議」（1215）に、教皇から招聘された**コンスタンティノープルとエルサレムの代表者**という可能性もあります〉[5]。

◆ソロモン神殿の柱（カタリ派）

法王座のバックにある2本の柱は、「ソロモン神殿」入口にあった2本の青銅柱、「ヤキン」と「ボアズ」を象徴しているという説があります。

ソロモン神殿とは、古代エルサレムに存在したユダヤ教の「第1神殿」のこと。紀元前10世紀にソロモン王が建設し、新バビロニアの国王ネブカドネザル2世（紀元前634－前562）によって、紀元前587年に破壊されました。

ソロモン神殿の2本の円柱は、善と悪、光と闇を表すという解釈から、二元論を唱えるカタリ派の共感を得て描かれたと思われます。

◆ボゴミル派司教ニケタス（カタリ派）

「教皇」はラテン語で「papa」といいますが、中世においては「普通の聖職者」をも表しており、10世紀半ばにブルガリアで興った「ボゴミル派」の聖職者も含まれます。

ボゴミル派は、「人間の肉体と現世は悪魔が創造した悪しきものであり、魂とそれがいずれ帰るべき天上世界のみが、神がつくった善なるもの」という二元論を説きました。

11世紀にブルガリアが東ローマ帝国（ビザンティン帝国）の支配下に入ると、ボゴミル派は、帝国内に深く浸透していきます。

１１６７年には、東ローマ帝国の首都コンスタンティノープルから、ボゴミル派司教ニケタスがラングドック地方を訪問、トゥールーズに近いサン・フェリックス・ド・カラマンで、フランス中のカタリ派の代表を集めて教会会議を開きました。

こうした事情から、カタリ派の教義にはボゴミル派の影響が強く残っており、ニケタス司教の渡仏以来、南仏ラングドックがカタリ派の重要拠点となっていきます。

「05 法王」は、この「**ボゴミル派司教ニケタス**」なのかもしれません。

ちなみに、「ボゴミル（Bogomil）」は、「神の友」が原義で、語源は、スラヴ祖語（ロシア語、ウクライナ語などの祖先）の「*bogъ（神）＋ *milъ（友）」。

興味深いことに、「Bogo」という言葉は、古代エジプトのプトレマイオス5世による碑文「ロゼッタストーン」にも登場します。

中段部分のテキストには、旧マケドニア語で「BoGo」に相当する単語がルーン文字で書かれており、「至高の天上神、唯一の者、誰よりも強大な者」を意味します。

つまり、シュメールの最高神「アン」に相当すると考えてよいでしょう。（「01 魔術師」参照）

スラヴ祖語「*bogъ」と、旧マケドニア語「BoGo」は似ていますが、同系統の言語なので、類似していて当然です。ロシア語では「бог／bog」になります。

CATHAR

06 恋人

◆トゥールーズ伯レーモン7世（体制側）

◆ベアトリス・ド・プロヴァンス（体制側）

◆ブランシュ・ド・カスティーユ（体制側）

マルセイユ版の「06 恋人」は、イタリア貴族の婚姻を描いたヴィスコンティ版【図106、107】に対し、人物がひとり追加され、男女3人の絵柄になっています。

その改訂の際、カタリ派の拠点であった南仏トゥールーズの歴史が封印されました。

トゥールーズ伯レーモン7世（1197－1249）には、男性の跡継ぎがおらず、レーモン7世の妻は出産適齢を過ぎていたため、トゥールーズ領主としての望みは、離婚して若妻をもらい、男子を授かることでした。

レーモン7世には、プロヴァンス伯レーモン・ベランジェ4世（1195－1245）の娘ベアトリス・ド・プロヴァンス（1229頃－1267）【図108】との結婚話が持ち上がるものの、成就する前にベランジェが急死してしまいます。

そこで、レーモン7世は、結婚の同意を教皇に求めるため、フランス王ルイ8世の王妃で、ルイ9世（ルイ聖王）の摂政を務めていたブランシュ・ド・カスティーユ（1188－1252）に対し、教皇への取り次ぎ役を頼みます。

しかし、ブランシュには、末っ子のシャルル（1227－1285。後のシチリア王・ナポリ王カルロ1世）とベアトリスを結婚させようという思惑がありました。

おそらく、レーモン7世の跡継ぎ登場を防止するための陰謀だったのでしょう。

つまり、カードの真ん中の男性は、**トゥールーズ伯レーモン7世**、画面右の若い女性は、彼と結婚するはずであった**ベアトリス・ド・プロヴァンス**、そして、画面左の年増女性は、2人の結婚にちょっかいを出す**ブランシュ・ド・カスティーユ**と考えられます。

◆アルフォンス・ド・ポワティエ（体制側）
◆ジャンヌ・ド・トゥールーズ（体制側）
◆ブランシュ・ド・カスティーユ（体制側）

トゥールーズ伯レーモン7世が当初擁護したカタリ派の抵抗活動は、ローマの教皇庁に同調したフランス国王ルイ9世（ルイ聖王）側の巻き返しによって頓挫し、アルビジョア十字軍の終結協定「パリ条約」（1229）で、レーモン7世の娘ジャンヌ・ド・トゥールーズ（1220－1271）は、ブランシュ・ド・カスティーユの息子で、フランス王子であったアルフォンス・ド・ポワティエ（1220－1271）【図109】に嫁ぐことが決まります。

つまり、「06 恋人」の登場人物の第2案として、真ん中の男性は、**アルフォンス・ド・ポワティエ**、画面右の若い女性は、**ジャンヌ・ド・トゥールーズ**、そして、画面左の婦人は、2人の政略結婚を画策した**ブランシュ・ド・カスティーユ**と考えられます。

結局、1271年に、ジャンヌと夫アルフォンスは子を設けることなく世を去り、伯爵家は断絶し、トゥールーズはフランス王領に併合されてしまいます。

【図107】
ヴィスコンティ版「恋人」(ケーリー・イェール版)、ボニファチオ・ベンボ、1468年

【図106】
ヴィスコンティ版「恋人」(ピアモント・モルガン・ベルガモ版)、ボニファチオ・ベンボ、1474年

【図109】
《トゥールーズ伯爵夫人ジャンヌ》ピエール・ヌマ、19世紀

【図108】
《ベアトリス・ド・プロヴァンス》クリストーフォロ・オリミーナ、14世紀

CATHAR

07 戦車

◆シモン・ド・モンフォール(体制側)

キリスト教異端派とされた「カタリ派」を討伐するために、ローマ教皇インノケンティウス3世が呼びかけたアルビジョア十字軍は、次のように3期に分けられます。

①シモン・ド・モンフォールが南仏ラングドックを制圧した初期(1209-1215)
②トゥールーズ伯をはじめとする南仏諸侯が反撃した中期(1216-1225)
③フランス王による総指揮のもと、南仏が制圧された終期(1225-1229)

「07戦車」の主人公は、アルビジョア十字軍初期、カタリ派弾圧の指揮をとり、一帯を恐怖に陥れた**シモン・ド・モンフォール**(1170頃-1218)【図110】と考えられます。

ヴォー・ド・セルネー修道院のピエールは、著書『アルビジョア派史』(1218)に、1212年から1216年にかけて自ら目撃した十字軍の様子を書いています。

その本によると、〈停戦中、パリに帰還したモンフォールは、大勝利を収めた英雄として迎えられ〉(6)、1215年、第4回ラテラノ公会議において、教皇インノケンティウス3世から、トゥールーズ伯、カルカッソンヌ子爵などの称号を与えられました。

カードの絵柄は、共和政ローマの軍人ルキウス・アエミリウス・パウッルスの「凱旋図」から影響を受けていますが、パリに凱旋したモンフォールの姿をも彷彿とさせます。

CATHAR 08

正義

◆殉教(カタリ派)

キリスト教徒は旧約聖書から、「神の裁きは残酷・暴力的なもの」であることを知っており、中世においては「剣」は通常、「殉教」の象徴でした。

「カタリ派」であるという嫌疑をかけられると、「異端審問」が行われますが、そのやり方については、ドメニコ会士〈ベルナール・ギイ(1261－1331)が1320年代に書いた『異端審問提要』[7]〉というマニュアルが残っています。

投獄された被告は法廷で訊問を受けましたが、教会は証拠よりも自白を好んだため、否認が続く場合は、拘留、睡眠禁止、断食など、さまざまな自白強制手段が使われました。

判決によって有罪宣告されると、異端信仰を撤回しない者は火あぶりの刑にされました。

カードに描かれた「切っ先を上に向けた剣」は、〈信仰を捨てるくらいなら残酷な処刑、すなわち、**殉教**を選んだ[8]〉カタリ派の信条を表しています。

CATHAR

09 隠者

◆放浪説教師アンリ・ド・ローザンヌ(カタリ派)

カタリ派弾圧のアルビジョア十字軍の時代（13世紀初期）に先立ち、11世紀終盤から12世紀前半にかけて、カトリック教会の腐敗を批判する説教師たちが現れます。

修道会に入った後に、「**隠者**」として隠遁生活を送った**アンリ・ド・ローザンヌ**（不詳－1148頃）は、最も有名な**放浪説教師**です。

1116年頃からル・マンで教会批判を開始し、「ル・マンのアンリ」とも呼ばれました。ピサ公会議（1135年）で異端宣言されても、フランス各地を放浪し説教を続けます。

たとえば、信仰を自覚できているはずのない幼児への洗礼は無意味だと説いたり、原罪の概念やキリスト十字架像を否定したりしています。

そして、「司祭と教会組織は魂の救済には不必要で、大事なのは祈りだけ」という高潔な信念を持ち、「神の恩寵を得るために、強い忍耐力とたゆまぬ精進が重要」と説きました。

1148年、教皇エウゲニウス3世の特使に逮捕され、トゥールーズで獄死を遂げます。

アンリの活動は組織運動へと展開することはなかったものの、聖書に書かれていない事柄の拒否、『福音書』の重視、清貧の理念などは、後のカタリ派に引き継がれていきます。

◆ヴァルド派始祖ピエール・ヴァルド(カタリ派)

12世紀後半になると、商業的繁栄により都市が農民人口を吸収し、説教の聴衆層が形成されたことで、異端運動は大規模なものになっていきます。

商業都市リヨンの高利貸**ピエール・ヴァルド**（１１４０－１２１７）**【図111】**は、１１７３年頃、「自分の魂はどうしたら救われるか」と聖職者に問います。「貧しい人々に自らの富を分け与えよ」との答えにヴァルドは目覚め、それを実行するだけでなく、民衆のために、聖書を俗語に翻訳する活動を推進しました。

追随者は「リヨンの貧者」、「ヴァルド派」と呼ばれ、托鉢（たくはつ）を行いながら使徒のような清貧生活と説教活動を営みますが、１１８２年頃、リヨン大司教から破門されてしまいます。

が、その輪はさらに広がり、南フランス、北イタリアの諸都市にも浸透していきました。「原始キリスト教に回帰する」教義は、カタリ派と共通するもので、清貧を旨とし、信者の施しを得て各地を回る「ヴァルド派聖職者」もまた、「09 隠者」の姿と重なります。

【図110】
《シモン・ド・モンフォール》作者不詳、1835年

【図111】
《ピエール・ヴァルドの銅像》作者不詳、1868年

CATHAR
10 運命の輪

◆**輪廻転生（カタリ派）**

「10 運命の輪」というテーマは、「人間は『最後の審判』に到達する前に、何度も『**輪廻転生**』を繰り返す」というカタリ派の教義にフィットするものでした。

ちなみに、『哲学の慰め』、『カルミナ・ブラーナ』の「運命の女神の輪」には、スポークが8本ありますが、マルセイユ・タロットでは6本しかありません。

台座に生き物が座る姿は、「キリスト」のギリシャ語「Χριστος / Christos」の頭2文字「Χ（キー）・Ρ（ロー）」を組合わせた「☧」で、「chi-rho（キーロー）」【図112】と呼ばれます。

また、『カルミナ・ブラーナ』の図中央に居るのはキリストですが、その存在が、タロットでは「輪を回すハンドル」に替えられたのだと思われます。

キリストを「消し」ながら、「暗示する」ところに、「キリスト教異端」らしさが見られますが、その意図は、「輪廻転生」を宇宙の真理として伝えることにあったのでしょう。

CATHAR

11 力

◆カタリ派女性の剛毅(カタリ派)

カードの別名は「剛毅(Fortitude)」ですが、「Fort」は「砦、要塞」という意味です。要塞にこもって抵抗を続けたカタリ派の「忍耐力」を表すのにピッタリの言葉です。

ちなみに、ヴィスコンティ・タロットのケーリー・イエール版(1468)の「女性がライオンの口を押さえる」図は、ピアモント・モルガン・ベルガモ版(1474)では「棍棒でライオンを殴る男性」となりました。

マルセイユ版は前者の構図ですが、「多くの女性信者を擁したカタリ派が、フランス国王とアルビジョア十字軍に打ち勝つ」姿を描くのに好都合だったのでしょう。

つまり、女性は「カタリ派」、ライオンは「凶暴な十字軍」の象徴です。

十字軍を指揮したシモン・ド・モンフォールは、トゥールーズ包囲戦の最中、塔に設置された投石器から石が放たれ、それに当たって戦死しました**【図113】**。

当時、要塞の壁は、市中の女性たちによって防護されており、「女性の力がライオンに克つ」カードの絵は、この事件をよく表しています。

なお、〈女性の衣服の裾からサンダルが覗いています。サンダルは、修道士や禁欲生活を受け入れた修行者が履くものだったため、カタリ派聖職者を示唆しています〉(9)。

◆フランス国王ルイ8世(獅子王)(体制側)

ライオンの代表が、「**獅子王**」**ルイ8世**（1187－1226）**【図114】**。

アルビジョア十字軍を最終的に主導し、カタリ派を打ち砕いただけでなく、トゥールーズ伯レーモン7世をフランス軍に寝返らせて、南仏をフランス国王領に併合しました。

「03 女帝」や「06 恋人」に登場するブランシュ・ド・カスティーユの夫です。

◆シモン・ド・モンフォール(体制側)

アルビジョア十字軍初期、カタリ派弾圧の指揮をとり、一帯を恐怖に陥れた**シモン・ド・モンフォール**の紋章は、「赤い背景に白いライオン」でした。

また、トゥールーズの歴史家〈ギヨーム・ド・ピュイローランは、自著『年代記』（1275）に、モンフォールは「ライオンのように敵に襲い掛かった」と記しています〉(10)。

したがって、カードに描かれたライオンは、シモン・ド・モンフォールと考えられます。

【図112】
石棺に描かれたキリストの組み合わせ文字「キーロー」、４世紀

【図113】
《シモン・ド・モンフォールの死》アルフォンス・ド・ヌヴィル、1883年

【図114】
《ルイ８世とブランシュ・ド・カスティーユの戴冠(1223年、ランス)》ジャン・フーケ、1450年代

CATHAR

12 吊るし人

「12 吊るし人」には、「裏切り者（The Traitor）」という別名があります。

ヨーロッパ中世においては、下層貴族（＝騎士）が封建領主に対して軍事的忠誠を誓い、その見返りとして土地と保護が与えられました。

忠誠を裏切ることは「死罪」に値し、「見せしめ画」に描かれることもありました。

◆カタリ派の裏切り者（体制側）

カタリ派の裏切り者として「吊るされる」に足る人物が、何人かいます。

1人目は、**アルノー・バイユ／シクル**。

母は敬虔なカタリ派でしたが、異端審問を受け火刑となり、財産も没収されました。

財産を取り戻すべく、教会のスパイとなり、彼の提供情報によって、リーダーのギョーム・ベリバスト（1280頃－1321）ほか、多くのカタリ派が捕らえられました。

2人目は、**レーモン・グロ**。

〈20年以上「完徳者」として仲間の信頼を得ていたものの、1237年にドミニコ修道会に寝返り、審問官たちに信者名簿を渡す〉(11)裏切り行為を働きました。

ドミニコ修道会は、1216年に教皇ホノリウス3世によって認可されたカトリックの修道会で、トゥールーズに設立。清貧を旨とし、托鉢による遍歴説教活動を行いましたが、初期の目的はカタリ派の追及でした。1602年には、日本の鹿児島でも布教を開始しています。

3人目は、**ボードワン・ド・トゥールーズ**（1165−1214）。

トゥールーズ伯レーモン5世の末っ子で、レーモン6世の実の弟です。

1211年、レーモン6世は、モンフォールの軍からの〈モンフェラン城防衛を弟に任せます。兵力が劣るボードワンは、最初の攻撃を撃退したものの、長期の籠城戦は無理と判断。［中略］シモンと交渉の結果、城の降伏を承認し、住民の命と自由を得ます。しかし、トゥールーズに戻ると、城を失ったことを兄から激しく非難され、ボードワンはアルビジョア十字軍に寝返ってしまいます〉(12)。

後にレーモン6世は、捕獲された弟ボードワンを、裏切り者として逆さ吊りにしました。

◆トゥールーズ伯レーモン7世（体制側）

トゥールーズ伯レーモン7世も、裏切り者のひとりです。

父レーモン6世の死後、トゥールーズ伯となったレーモンは、十字軍との戦いを続けてはみたものの、先代ほどの力量と指導力は持ちえず、相続財産も没収されてしまいます。

また、父と異なり、カタリ派に寛容でなかった彼は、カトリックと異端派、2つの選択に挟まれ、また、教会から「破門」の脅しを受けた果てに、圧力に屈しました。

「06 恋人」カード中央の若者も、レーモン7世と仮定できますが、「女性2人」の間で迷っている若者の姿が、「相反する2つの教義」に揺れ動くレーモン7世と重なります。

教会に許しを請うた結果、レーモンの「破門」は取り下げられ、1229年に「パリ条約」に署名し、アルビジョア十字軍は終結します【図115】。

その後、レーモン7世は、領地内の異端派追及と異端審問の実施を受け入れ、1248年には有罪となったカタリ派80人を火刑とする命を発します。

その死後、トゥールーズ伯を継いだのは、娘婿のアルフォンス・ド・ポワティエ【図116】。しかし、嫡子なきまま死去した結果、トゥールーズ伯領はフランス王領に併合されました。

CATHAR

13 死

◆凄惨な戦い（カタリ派）

1096年から1099年にかけて、第1回十字軍が行われたとき、南仏プロヴァンス部隊の指導者を務めたのは、トゥールーズ伯レーモン4世。

その従軍牧師を務めたレーモン・ダギレールは、『エルサレムを奪還したフランスの歴史』（１１０１頃）を著し、十字軍の乱暴狼藉、略奪、虐殺の様子を記録しています。

〈我が軍の兵士たちは敵の頭を切り落とし……頭や手足の山が街の路上を埋め尽くした……ソロモン神殿で、兵士たちは膝、手綱まで血の海に浸かっていた〉[13]

アルビジョア十字軍での**戦い**も、これに劣らず**凄惨**なものでした。

ヴォー・ド・セルネー修道院のピエールは、〈われわれ十字軍は大きな歓声をあげながら、数えきれないほどの異端派を焼き殺した〉[14]と書いています。

アルビジョア十字軍とカタリ派の間では、激しい報復の応酬もありました。

地元を守るトゥールーズ伯は十字軍の攻撃への報復として、捕虜の手足を切断しました。

カタリ派の拠点のひとつ、〈**ミネルヴ**での目撃証言によると、地元の人々は、十字軍兵士たちの「**眼をくり抜き、耳、鼻、上唇を切り落として**から、送り出しました」〉[15]。

１年後、十字軍はブラムで地元住民１００人に対して、同様の報復を行いました。

タロットの骸骨の顔をよく見ると、目はくり抜かれて窪みと化し、耳はなく、鼻、上唇も削ぎ落とされて黒くなっています。後頭部の皮膚も、髪ごと引き剝がされたのでしょう。

【図115】
《ルイ9世（ルイ聖王）に臣従を誓うレーモン7世》作者不詳、1296年

【図116】
アルフォンス・ド・ポワティエ（13世紀の写本より）、作者不詳

CATHAR

14 節制

◆肉体は神聖な魂で満たされる（カタリ派）

「09 智慧（隠者）」、「11 剛毅（力）」、「08 正義」同様、古代ギリシャ由来の「枢要徳」（＝四元徳）に含まれるのが、本カード「14 節制」です。

ヴィスコンティ版でも「2つの水瓶で液体を混ぜ合わせる」図像でしたが、マルセイユ版では、それに加えて主人公の女性は「天使の羽」を持っています。

中世美術においては、〈「空の水瓶は、魂から切り離された肉体の象徴」でした〉[16]。

したがって、カードに描かれた〈水瓶は肉体、液体は魂を表します〉[17]。

液体を混ぜ合わせるのであれば、水瓶は上下に持って中身を落下させる必要がありますが、カードの絵では水平に近い位置関係にあるので、「概念」を表しているといえます。

実際、〈カタリ派は、**肉体は神聖な魂で満たされる**と説いています〉[18]。

もう一つの解釈は、〈カタリ派の教義はひとからひとへ受け継がれる〉[19]ということ。

これらが、「14 節制」カードのカタリ派的な解釈です。

◆グノーシス(カタリ派)

「14節制」は、「13死」と「15悪魔」の間に置かれています。

「錬金術」に着目して解釈すると、2枚の「不吉カード」の作用を「調合」することにより、「超自然的なパワー」が得られることを訴えているのでしょう。

超自然的なパワーとは、「高度な叡智」つまり「**グノーシス**」です。

グノーシス主義の影響を受けたカタリ派の教えは、ここにも読み取ることができます。

CATHAR

15 悪魔

◆肉体に囚われた魂(カタリ派)

「15悪魔」には、カタリ派の「霊肉二元論」が色濃く表れています。

カタリ派は、「肉欲は精神の支配下に置くべき」と教えており、「男女が縄でつながれて悪魔に囚われている」絵は、「人間の魂が肉体に封じ込められている」状況を表しています。

「シカの角と耳の被り物」は異教の祝祭で使われるもので、獣的本能の象徴です。

◆**パミエ司教ジャック・フルニエ（体制側）**

パミエ司教ジャック・フルニエ（1285－1342）も、「15悪魔」のモデルです。

辣腕審問官として恐れられたフルニエは、〈数百人の異端派を逮捕、審判、処刑した〉[20]ことから、カタリ派から「悪魔」と見做されたとしても不思議ではありません。

1334年にアヴィニョンで教皇に選出され、ベネディクトゥス12世となりました。

◆**世界の4大悪魔（体制側）**

ジャック・フルニエによって火刑に処せられ、カタリ派最後の「完徳者」として知られるギヨーム・ベリバスト（1280頃－1321）は、〈**世界を支配する4大悪魔がいる**。まずは教皇、第2はフランス王、第3はパミエ司教、第4はカルカッソンヌ審問官〉[21]としました。

〈この4者は、生き残ったカタリ派を支援しながら抵抗を続けていたフォワ伯を討つために、1320年代に、一堂に会しています〉[22]。

CATHAR 16 塔

◆**モンセギュール城陥落（カタリ派）**

「悪魔」、「塔」は、ヴィスコンティ・タロット（ピアモント・モルガン・ベルガモ版）において、絵柄のテイストが他カードと著しく異なることから、後世に付け加えられたのだろうということが定説となっています。

マルセイユ版でも、「15悪魔」と「16塔」は、後から追加されたことが推測されます。

さらに、ベルガモ版の「塔」が四角柱の形であるのに対し、マルセイユ版では、崩れ落ちる頂部の様子から分かるように、円筒形となっており、「軍事要塞」のようです。

アルビジョア十字軍に対するカタリ派「要塞」で名高いのは、フォワ郡モンセギュール。

つまり、マルセイユ版の「塔」は「**モンセギュール城**」**【図117】**と考えられます。

「パリ条約」(1229)によるアルビジョア十字軍の終結後も、カタリ派は抵抗活動を続け、モンセギュール城は、多くの完徳者や信者の避難所となっていました。

1232年には、カタリ派のトゥールーズ司教〈ギラベール・ド・カストル(1165頃－1240)がモンセギュール城に本部を構えています[23]〉。

1242年、異端審問の代表者が殺されるという事件の後、城は攻撃にさらされ、9か月の包囲戦の後、1244年にモンセギュール城は陥落します。

その際、ギラベール司教の後継者、ベルトラン・マルティ(不詳－1244)をはじめ、改宗を拒んだ〈200名超のカタリ派修道者が火刑に処され[24]〉ました。

◆トゥールーズの塔(カタリ派)

中世、ルネッサンス時代、「塔」は貴族にとって権力の象徴と考えられていました。**トゥールーズ**においても、個人邸の要塞化が進められ、戦災で多くが破壊されたとはいえ、〈1226年時点で300を超える私有の**塔**があった〉[25]といわれています。

〈年代記作家ギョーム・ド・ピュイローラン(1200頃-1274頃)は、「1216年にトゥールーズ統治権を奪った際、シモン・ド・モンフォールは城壁を取り壊し、堀を埋め、『**市内の要塞化した塔**』を壊して平坦にした」と記しており〉[26]、このエピソードが、崩壊する「16塔」の図像のもとになっている可能性があります。

◆聖セルナン大聖堂(カタリ派)

カタリ派の本拠地トゥールーズにおける最も重要な建物、**聖セルナン大聖堂**(12世紀建立)【図118】にも、「円筒形の高い鐘楼(鐘つき塔)」が現存しています。

聖セルナン(不詳-257頃。別名サトゥルニヌス)が生きた3世紀(古代末期)、キリスト教は勢力を拡大しつつも、ローマ帝国による弾圧を受ける側にいました。デキウス帝(在位249-251)は、ローマの神々への祭儀を勅令で命じています。

ウァレリアヌス帝（在位253－260）も、ローマ祭儀を強制し、命に背いたローマ、スペイン、パレスチナなどの司教が処刑されています。

トゥールーズで布教していた聖セルナンも、雄牛1頭を皇帝に献上するよう、ローマの神官に迫られますが、拒否したために雄牛に縛り付けられ、市中引き回しの後、絶命。

カタリ派にとって、その殉教は、「信仰の破棄より死を選ぶ」ことの象徴となりました。

その後、聖セルナン絶命の地に、故人の名を冠した「聖セルナン大聖堂」が建てられます。

その場所は、「サンティアゴ・デ・コンポステーラ」の巡礼路にあたっており、「大アルカナの旅」を終えた「00 愚者」が、最後に通る道となっています。

◆トゥールーズ伯レーモン6世（カタリ派）
◆トゥールーズ伯レーモン7世（体制側）

崩壊する「16 塔」が、トゥールーズ市内の建物の解体、つまり、カタリ派抵抗軍に対する十字軍の破壊活動の象徴だとすると、カードの人物は、「**トゥールーズ伯レーモン6世・7世の親子**」で、落下の様子は、「**かつての権力からの没落**」と解釈できます。

【図117】
モンセギュール城、13世紀建造

【図118】
聖セルナン大聖堂、1060年－12世紀建造

CATHAR 17

星

◆復活・再生（カタリ派）

〈カタリ派が、婚姻・妊娠・性行為に対して否定的だったことから考えて、このカードの妊婦は文字通りの出産を表してはいないでしょう。むしろ、カタリ派が待ち受けている希望・未来を、懐胎という暗示で伝えようとしているのです〉[27]。

つまり、「真実と純粋さ」の象徴である「裸体の女性」が水を注ぐ様子は、（「13死」が象徴する殺戮の）大地に「希望」を注ぎこみ、カタリ派の教義が「いつの日か芽を吹き返す」こと、つまり、「**復活・再生**」を願うポーズと考えられます。

指導者が殺され、モンセギュールもトゥールーズも陥落したものの、「カタリ派の魂と教義は生き残る」という「希望」が、カードに込められているのです。

「16塔」の後に「17星」が登場するのは、そのような理由からです。

◆聖霊（カタリ派）

七つ星が「プレイアデス星団＝7羽の鳩」と仮定するなら（ＰＡＲＴ３）、カードに描かれている樹上の鳥は、「鳩」という解釈ができるでしょう。

そして、「鳩」は「**聖霊**」の象徴でもあります【図119】。

実際、「聖霊が鳩のかたちをとって降った」とされる記述が、新約聖書『マタイの福音書』3章16節などに登場します。

「聖霊」は、キリスト教の「三位一体（父・子・聖霊）」のうち、「第3の位格」に当たり、「愛によって人々を造り、幸せへと導いていく役割がある」とされてきました。

カタリ派は、導きのガイドとして、また、信仰の源として『福音書』を重視しました。

〈『福音書』の言葉は、信者の魂に植えられるべき〉[28]「種」のようなもの。

〈「樹木」は、「種」が植えられ、水や養分を与えられて育っていく〉[29]ことの象徴です。

◆エデンの園（カタリ派）

「17星」の背景に立っている2本の樹が、旧約聖書『創世記』に登場する「生命の樹と智慧の樹」であるとすると、カードの舞台は「**エデンの園**」【図120】ということになります。

〈初期グノーシス主義の影響を受けたカタリ派は、大いなる神秘の智慧（グノーシス）を身につけた人間は、来世で永遠の命を授かると信じていました〉[30]

「生命の樹／智慧の樹」にとまる鳩は、そのことを伝えるメッセンジャーでしょう。

【図119】
《鳩の形をした聖霊》ジャン・ロレンツォ・ベルニーニ、1660年頃

【図120】
《エデンの園》ピーテル・パウル・ルーベンス、ヤン・ブリューゲル（父）、1615年頃

CATHAR
18 月

◆皆既日蝕（カタリ派）

カタリ派の歴史に着目すると、カードが表しているのは「**皆既日蝕**」と考えられます。

太陽はしばしば「智慧と真実」の暗示となりますが、その存在が「日蝕」で隠れている様子は、異端とされたカタリ派が、生き残るために闇に隠れることを強いられた歴史を物語っていると解釈できます。

◆犬とオオカミ、教会の犬（カタリ派）

「皆既日蝕」に向かって吠える2匹の動物は、「**犬とオオカミ**」でしょう。

〈反カタリ派は、しばしば「犬とオオカミ」と呼ばれた〉[31]ことを考えると、カードは、「身を隠すカタリ派に吠えかかる十字軍（ローマ教会＋フランス国王）」を表しています。

また、異端審問の実行部隊であった「ドメニコ会修道士（Dominican）」は、「Domini（主イエス・キリストの）＋ canēs（犬）」となることから、「**教会の犬**」を意味する隠語として、カタリ派が侮蔑的に呼ぶこともあったようです。

CATHAR
19 太陽

◆子供のような無邪気さ・高潔さ（カタリ派）

「2人の人物」が「子供」として描かれているのは、「世界をスピリチュアルに眺めるには、**子供のような無邪気さ・高潔さ**が必要」というカタリ派教義の表れです。

新約聖書『マタイの福音書』にも、「改宗し、幼子のようにならない限り、天国に入ることはできない」と書かれています。

◆月と太陽の主役交代（カタリ派）

〈カタリ派は、太陽と月を、二元論的宇宙の「光と闇」として捉えていました〉(32)
この考えによると、「19 太陽」は、「18 月」つまり「皆既日蝕＝闇」の後に登場する「光」ということになります。
そして、「2人の子供」が会話している場面は、右にいる「女児（＝**月**＝闇）」が、左の「男児（＝**太陽**＝光）」に、**主役を明け渡す**シーンと解釈することができます。

◆兄弟的連帯(カタリ派)

イタリアの神秘思想家ジョアッキーノ・ダ・フィオーレ(1135－1202、別名：フィオーレのヨアキム)【図121】は、キリスト教の「三位一体説」にもとづき、人間の全歴史を3つに区分しました。

・第1は「父の時代」で、神とイスラエル人との「契約(＝旧約)」の時代に相当
・第2は「御子の時代」で、キリスト教会と「新約聖書」が支配する期間
・第3は「聖霊の時代」で、聖霊が個人個人に直接語りかける叡智の時代

1260年頃から「聖霊の時代」となり、教会や国家に代わって高潔な修道士が「**兄弟的連帯**」を主導する世が訪れるとされ、この思想は「ヨアキム主義」と呼ばれています。

ローマ教皇からのたびたびの警告にも屈せず、唱え続けたため、ヨアキムはその死後に異端宣言を受けました。

アメリカの慈善家・歴史家ヘンリー・チャールズ・リー(1825－1909)は、著書『中世の異端審問の歴史』(1906)の中で、〈第1の時代は「星の光」、第2の時代は「月の光」、第3の時代は「太陽の光」のようだ〉[33]と記しています。

つまり、「19 太陽」カードは、「聖霊の導きによって、人々が**兄弟的連帯**を育む」ことの大切さを訴えているのでしょう。

【図121】
《フィオーレのヨアキム》作者不詳、1573年

CATHAR

20 審判

◆スピリチュアルな覚醒（カタリ派）

中世の人々にとって「最後の審判」は現実のもので、西暦1000年にはキリスト再臨によって人類の救済が果たされると信じられていました。

が、キリストのカムバックなどなかったので、「神の計画」を疑う人々が現れ始めます。カタリ派の人々は、「肉体が悪魔の創造物である以上、キリストはこの世の存在ではあり得ない」と信じていたので、「磔刑(たっけい)も復活もつくり話に過ぎない」と結論付けました。

〈カタリ派にとって「キリストの復活」は、歴史的エピソードなどではなく、「現世の人々が**スピリチュアルな覚醒**（気づき）を得る」ことの寓意だった〉(34)のです。

そして、「最後の審判」は、「人類救済のためにキリストが身代わりになる」物語から、「各人が自分の救済に責任を持つ」という教えに変わりました。

カタリ派に影響を与えたグノーシス主義も、「スピリチュアルな気づきを得れば、『神性』に直接つながることができる」と唱えています。

つまり、「20 審判」は、「智慧・知識（グノーシス）を学ぶことによって、スピリチュアル

（霊的）な気づき（覚醒）を得る」ことの重要性を訴えているのです。

「resurrection（復活）」の語源「re（改めて）＋sur（上に）＋rection（真っすぐであること）」が示すように、「個々人が、本来の『神性』を取り戻し、再び真っすぐに立ちあがる」様子が、「復活者」の絵姿にも表れています。

CATHAR 21 世界

◆女性の聖霊（カタリ派）

「21 世界」の絵は、「玉座のキリスト」から、「女性的な姿のニンフ」に替えられました。

つまり、「三位一体（父・子・聖霊）」の「子」から、「聖霊」へのシフトです。

（※「ニンフ」と「聖霊」は、似た概念です。）

さて、「父＝神」、「子＝キリスト」は男性ですが、「聖霊」の性（文法上の性）については、次のように、時代・地域によってさまざまです。

・ヘブライ語：女性（rūah / rota）
・ギリシャ語：中性（πνεῦμα / pneûma）
・ラテン語　：男性（Spiritus）

つまり、初期キリスト教では「女性」だった聖霊が、後世に「男性」化したわけです。

グノーシス主義が重視する『ヨハネのアポクリュフォン（ヨハネの秘密の書）』では、神聖な女性原理「バルベーロー」として登場します（「02 女教皇」参照）。

グノーシス主義を継いだカタリ派も、「完徳者」を承認する儀式「コンソラメントゥム」を行う際にこの文書を使っており、**聖霊**を「**女性的な存在**」として考えていました。

これらのことから、カード図像が「玉座のキリスト」から「女性的な姿のニンフ」に先祖帰りしたことには、カタリ派の関与があったことをうかがわせます。

◆両性具有のバルベーロー（カタリ派）

『ヨハネのアポクリュフォン』では、「『**バルベーロー**』は女性的存在であった」と書かれていますが、「万物に先立つ思考を担い、母＝父であり、聖霊でもあった」（「02 女教皇」参照）という記載が続いています。

こうした事情で、カードの主人公も、「**両性具有**」として描かれたのでしょう。

◆生き残り（カタリ派）

ローマ教会とフランス国王による迫害で、多くのカタリ派信者が命を落としました。

ちなみに、フランス語名「Mat」は、印欧祖語「*mr̥tós（死んだ）」に語源を遡ることから、「カタリ派の死」を暗示しており、カードの主人公は、「カタリ派の**生き残り**」を表しているという解釈もできるでしょう。

◆放浪伝道師ヤコポーネ・ダ・トーディ（カタリ派）

教会の異端審問から逃れるために、多くのカタリ派が新天地を求めて亡命しました。

そしてその多数が**放浪伝道師**となり、清貧を実践し、ひとびとに唱えたのです。

ヤコポーネ・ダ・トーディ（1236－1306）【図122】もそのひとり。

ボローニャで法律を学び、弁護士として成功した彼は、32歳頃から放浪の禁欲主義者となり、1278年に聖フランチェスコ修道会に入会した後、修道会が2派に分かれると、厳格な教義を追求する「聖霊派」に加わりました。

このような「放浪伝道師」も、「00愚者」のモデルといえるでしょう。

◆**完徳者（カタリ派）**

無番号「愚者」は、しばしば「0番」とされ、22枚の大アルカナの先頭に置かれます。大アルカナは、「序列や格」の順に配列されているので、「愚者＝社会階層の最底辺」と考えれば、「先頭の位置」は筋が通ります。

実際、ヴィスコンティ版の「愚者」【図123】は、ボロボロの服を着た貧相な「物乞い」の様相で描かれています。

しかし、マルセイユ版では、「愚者」という名は、ローマ教会からの弾圧・迫害を逃れるための偽装で、本当の姿は、カタリ派の「**完徳者**」と考えられます。

自分探しのスピリチュアルな旅を終え、「悟り＝霊性の頂点」に到達した男性です。

カード番号「0」は、「円＝完全性」の象徴でもあるのです。

あごをグッと上げ、目線はキリッと未来（画面右方向）を見据え、愛犬を従えて、確かな足取りで歩む姿からは、揺るぎない信念と誇り、強い自己肯定感が伝わってきます。

ちなみに、左手で持った棒の先についている「ひょうたん状の容器」は、〈カタリ派の完徳者が新約聖書を持ち運ぶためのもの〉(35)でした。

左手で持ちながら、右肩の上に載せているポーズは、「霊性は知性に勝る」（右脳＝左手は、左脳＝右半身に勝る）ことの表明。

中世のシンボリズムでは、「左は霊性・スピリチュアリティ、右は理性・知性」を表すと考えられていたのです。

こう考えると、「愚者」は、大アルカナのラストを飾るカードにふさわしいという結論になります。

【図122】
《ヤコポーネ・ダ・トーディ》パオロ・ウッチェッロ、1435－1440年

【図123】
ヴィスコンティ版「愚者」（ピアモント・モルガン・ベルガモ版）、ボニファチオ・ベンボ、1474年

PART 5

タロットのスプレッド(展開法)と鑑定例

この章では、タロット占いの方法を解説します。
「PART3」各アルカナ解説の末尾にある「リーディングでの解釈」を併せてご覧ください。

タロット占いの手順と仕組み

タロット占いの手順は、次の通りです。

①テーマ（占的）を決める。
②カードをシャッフルする。
③所定の方法で並べる（＝展開する）。
④所定の規準で読む（＝リーディングする）。

なぜ「タロットが占いに使えるのか」、その理由・仕組みは、次の通りです。

占いには大きく2種類あります。

①命術：生年月日・出生時間・出生地によって「人の本質はパターン分類される」という

統計学的な考えにもとづき、運勢などを占います。
占星術、数秘術などがこれに該当します。
水晶占い、タロット占いなどが該当します。

②卜術（ぼくじゅつ）：刻々と移り変わる「気」や「エネルギー」などの動きを観ます。

とくにタロットは、クライアントの「潜在意識」を観るので「心理学」の一種といえます。
本人も気づいていない「潜在意識」が、「カードの並びとして表れます」。

近年注目されている「量子力学」の表現を使うと、

・何かの「想い」を占いにかけると、「波動（エネルギー）」が「タロット量子場」に届く。
・「タロット量子場」のなかで、クライアントの波動と似ている「波動」が反応・共鳴し、「カードの並びとして粒子化（物質化＝現実化）」する。
・占い師がカードの並びをリーディングし、分かりやすく「言語化」したうえで、クライアントにフィードバックする。

という流れが、タロット占いの仕組みです。

タロットの並べ方とリーディング方法

並べ方（展開法＝スプレッド）はいろいろですが、5つの具体例を挙げていきます。

・一枚引き：恋愛
・シンプル・クロス・スプレッド：仕事
・ケルト十字スプレッド：仕事
・ヘキサグラム・スプレッド：人間関係
・視線を追いかける展開法：恋愛

SPREAD 1 一枚引き

◆方法

テーマ（占的）を決め、裏向きにシャッフルしたカードの束から、1枚を引くだけです。

◆鑑定例

「マッチングアプリで相手が見つかるか」と願をかけ、「06 恋人」（正位置）が出たとします。

リーディングとしては、

・良い相手が見つかり、ラブラブになれる
・見つかるが、「復縁したい」とメッセージをくれた元カレ／元カノとの間に挟まれて、悩む
・「愛の女神」の意志を伝える「クーピド」次第。インスピレーションに任せよう

など、置かれた状況、それに影響された潜在意識の状態によって、解釈はさまざまでしょう。

カードは1枚だけなので、前後関係の文脈に影響を受けずにリーディングでき、インスピレーションを豊かに働かせることができる手法です。

カードの象意を覚える練習にも適しています。

SPREAD

2 シンプル・クロス・スプレッド

◆**方法**

「二枚引き」で行う方法です。

1枚目をタテに置き、2枚目をその上にクロスするように重ねて置きます。

1枚目は「現在の状況」、2枚目は「起こり得る問題、願いの実現を阻む要因」を示します。

◆**鑑定例**

「契約はうまくいくか」で2枚を引き、1枚目は「01 魔術師」、2枚目は「08 正義」だったとします。

①現在の状況：（私は）とにかく契約をまとめることだけを優先して、あの手この手を使い、相手を説得しようとしている［01 魔術師］。

②問題や障害：そのような浅はかな計算が通じる相手ではない。両社にとってWin-Winになり、消費者や業界にとって公正なビジネスでなければ、破談となるだろう［08 正義］。

・全体的な解釈：戦略の練り直しが必要。

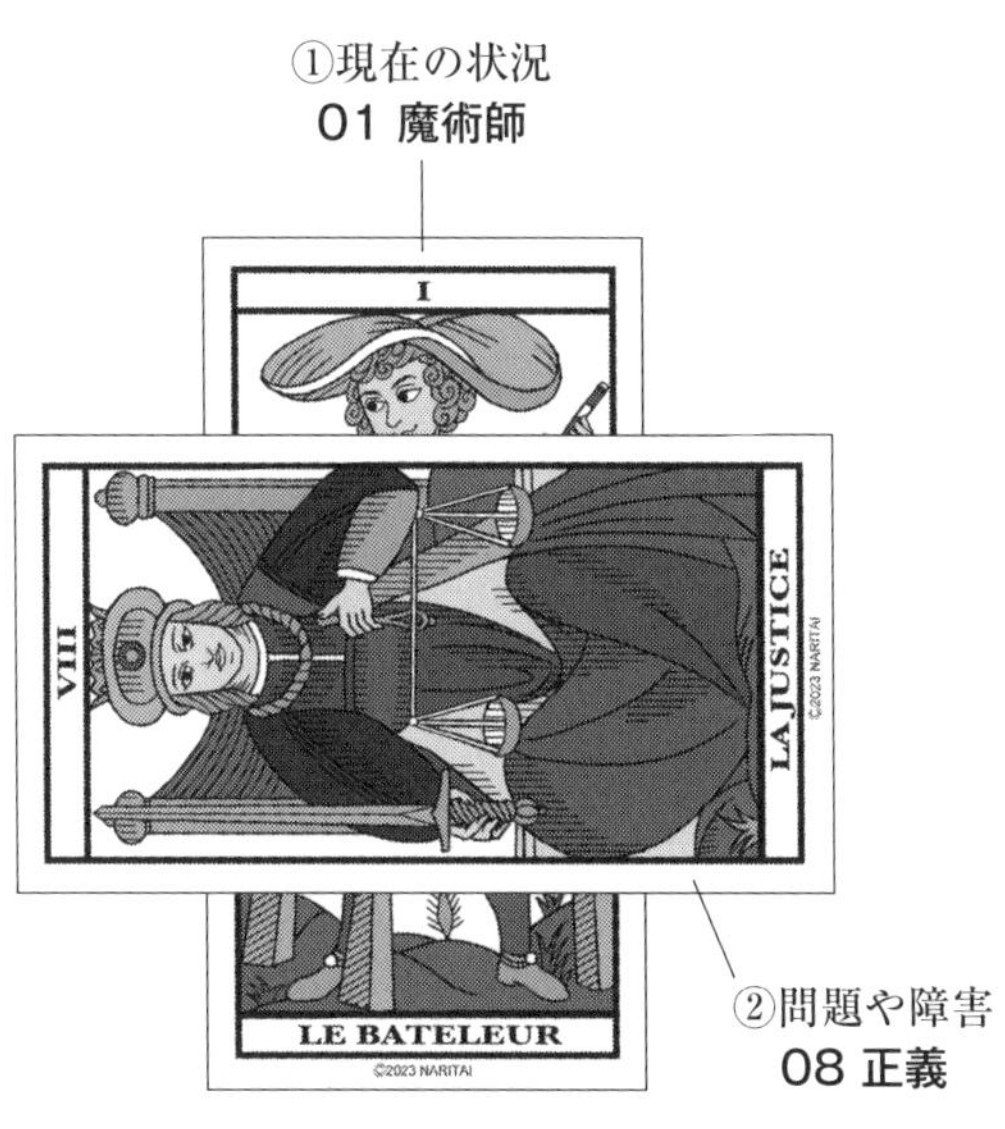

とてもシンプルな方法ですが、「一枚引き」とは比べ物にならないほど、示唆に富んだ立体的なメッセージを引き出すことができるので、オススメです。

SPREAD

3 ケルト十字スプレッド

◆方法

10枚のカードを引き、所定の位置に並べてリーディングしていきます。

（ケルト十字スプレッドの最初の2枚に絞った方法が「シンプル・クロス・スプレッド」）

◆鑑定例

「子育てが一段落し、これから時間が作れそうなので、『安全な食』をテーマに起業したい」。

①現在の状況：「安全な食」の起業を夢見ていた若い頃の自分に戻れている［20 審判］。

②問題や障害：なかなか身動きがとれずに、実現できないかもしれない［12 吊るし人］。

③目標：オーガニックやフェアトレードなど、「公正な食」を広めていきたい［08 正義］。

④過去からくる阻害要因：昔から心配性で、すぐに不安を覚えてしまう性格だ［18 月］。

⑤近過去：忙しい中、チャレンジしてみようと思ったことは何度もあった［00 愚者］。

⑥近未来：今までの自分を見直すことになる大きなできごとが起こるだろう［16 塔］。

③目標
08 正義
VIII
LA JUSTICE
①現在の状況
20 審判
XX
LE JUGEMENT
②問題や障害
12 吊るし人
XII
LE PENDU
XVI
LA MAISON DIEU
⑥近未来
16 塔
LE MAT
⑤近過去
00 愚者
XVIII
LA LUNE
④過去からくる
阻害要因
18 月

⑩結論
17 星
XVII
L'ETOILE

⑨望み・怖れ
01 魔術師
（逆位置）
LE BATELEUR
I

II
LA PAPESSE
⑧周囲から
見た自分
02 女教皇

L'IMPERATRICE
III
⑦抑圧した無意識
03 女帝
（逆位置）

⑦抑圧した無意識：「成功して豊かになる」のは後ろめたい［03 女帝（逆位置）］。
⑧周囲から見た自分：控えめで分別のある、おとなしい女性と思われている［02 女教皇］。
⑨望み・怖れ：フットワーク軽く、クリエイティブな仕事をしていきたいが、周囲と上手にコミュニケーションを取っていけるかどうか、不安だ［01 魔術師（逆位置）］。
⑩結論：本当にワクワクできることは何なのか、純粋な希望・抱負に立ち返るべき［17 星］。

ケルト十字スプレッドは、多角的な観点から問題を深掘りするのに適した方法といえます。

SPREAD 4 ヘキサグラム・スプレッド

◆**方法**

7枚のカードを引き、ヘキサグラム（六芒星）の頂点と中央に並べ、リーディングします。

◆**鑑定例**

「長女の教育方針をめぐり意見が合わず、夫との関係がぎくしゃくしている」。

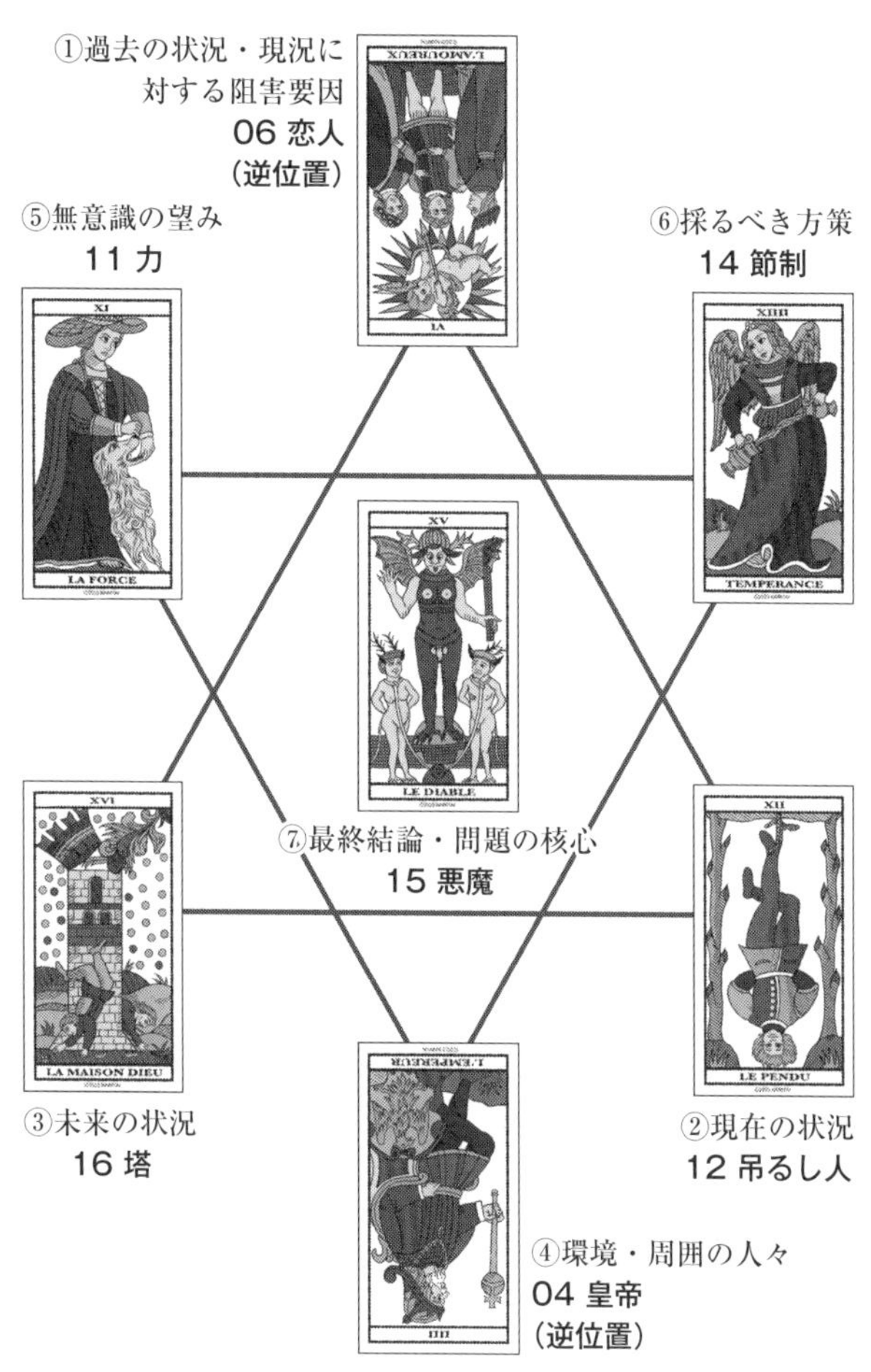

①過去の状況・現況に対する阻害要因：長女の教育方針をめぐって対立し、夫と関係が悪化。長女も気まずい様子で、家族間の会話が途絶えてしまった［06 恋人（逆位置）］。

②現在の状況：私は、どうしたらいいか分からず、身動きがとれない状態［12吊るし人］。
③未来の状況：長女は思春期でデリケートな時期。夫は来年度から単身赴任。作り上げてきた家庭が崩壊してしまうのでは［16塔］。
④環境・周囲の人々：数年前まで夫が家族をリードしてくれていた。昨年の人事異動後、会社での居心地が悪くなったようで、家庭内でも話さなくなった［04皇帝（逆位置）］。
⑤無意識の望み：私はもともと勝気な性格で、夫には頼らず、長女の教育のイニシアチブをどうしてもとりたい［11力］。
⑥採るべき方策：自己主張をするのではなく、長女、夫との間に入り、家庭内のバランスをとる調整役を果たしていくべき［14節制］。
⑦最終結論・問題の核心：私自身が母親から愛情をかけてもらえなかったので、「長女は私が育てる」という信念に囚われている。それに対して、長女と夫が辟易している状態。長女を信じ、彼女への執着を解き放つべき［15悪魔］。

過去・現在・未来（1・2・3）、環境・内面・突破口（4・5・6）と分析を進め、核心（7）を導きます。

論理的で、かつ、分かりやすい展開法といえます。

SPREAD 5

視線を追いかける展開法

◆方法

上記までの「定位置スプレッド」と異なり、ここで紹介するのは、「登場人物の視線の方向」を規準にしてカードを並べる、とてもユニークな方法です。

（ウェイト版などと比較すると）マルセイユ・タロットの人物は、表情や視線が明瞭に描かれているので、このような展開法が可能になるのです。

これを提唱するのは、マルセイユ・タロットの伝統を継承しているフィリップ・カモワン氏。このスプレッドには、過去・現在・未来を表す最初の3枚を除き、「定位置がない」ので、「動的展開法」とも呼ばれています。

※参考　大沼忠弘、フィリップ・カモワン、『秘伝カモワン・タロット』、学習研究社、2002

◆鑑定例

「既婚の彼と関係を続けていてよいのか」。

過去

06 恋人

現在

21 世界

未来

05 法王
（逆位置）

13 死

10 運命の輪
（逆位置）

20 審判

まず、スプレッドの順番を見ていきます。
・最初の3枚は、左から右に並べます。
・この3枚のみが、「過去・現在・未来の状況」という「定位置」になります。
・なお、この鑑定法では「正位置・逆位置」の区別が重要で、規準通りに置きます。
・次に、各カードの「視線方向」に4枚目以降のカードを置いていきます。
・1枚目「06 恋人」は「視線なし」で完結。
・2枚目「21 世界」は「左向き視線」ですが、左にはすでにカードがあるのでこれで完結。
・3枚目「05 法王（逆位置）」は「左向き視線」ですが、左にはすでにカードがあります。
・一方、逆位置カードはすべて「下向き視線」とみなし、下にカードを置きます。
・したがって、3枚目「05 法王（逆位置）」の下にカードを置きます。
・なお、「下向き視線」の下に置くカードは、「正位置」で出ようと、「逆位置」で出ようと、必ず「正位置」とします（「下向き視線の下は正位置」と覚えておきましょう）。
・4枚目「13 死」は「右向き視線」なので、右に次のカードを置きます。
・5枚目「10 運命の輪（逆位置）」は「視線なし」ですが、下にカードが必要です。
・6枚目「20 審判」は「視線なし」で完結（この場合も、必ず「正位置」とします）。
以上、本ケースは6枚のスプレッドとなりました。

では、いよいよリーディングです。

（※［XX＋］は正位置カード、［XX-］は逆位置カードを表しています）

①過去の状況：以前から2人はラブラブで、楽しい時間を一緒に過ごせている［06＋］。
②現在の状況：彼は理想的と思える。彼以上の男性は、もう現れないかもしれない［21＋］。
③未来の状況：真面目で律儀な彼は、不倫関係にやがて限界を感じる可能性あり［05-］。
④一度、リセットするつもりで、2人の将来について話し合ってみるべき［13＋］。
⑤それをきっかけに、2人の状況は大きく変化するはず。暗転する可能性もある［10-］。
⑥おそらく結果は良い方向に向かうだろう。配偶者と別れ、再婚したい旨のプロポーズがあるかもしれない［20＋］。

このように、カードに描かれた人物の視線を追いながら縦横無尽にストーリーを作っていけるのが、この鑑定法の醍醐味です。

おわりに（謝辞）

本書の出版に際してお世話になった方々に、この場をお借りして厚く御礼を申し上げます。

まず、『ＰＣＲとコロナと刷り込み』の著者・細川博司先生と、その出版元・株式会社ヒカルランドの石井健資社長。先生からのご紹介と社長のご厚意により、出版企画が始まりました。

そして、溝口立太編集長、編集ご担当の遠藤美保さん、小澤祥子さん。思想史・美術史・言語学の専門用語まで飛び交う「スピリチュアルらしくない」本をカタチにして下さいました。

デザイン軒・吉原遠藤さんは、「本の特徴を表紙のみで視覚化する」プロの技を発揮してくださっただけでなく、細部にわたるブックデザインを華麗な演出で仕上げてくださいました。

キャップスさんには、ＤＴＰ、地名マップ・螺旋マンダラ制作をご担当いただきました。

この本を皆様のお手元に無事、お届けすることができたのは、麦秋アートセンターさんの校正と、中央精版印刷さんのおかげです。

Twitter フォロワーの皆様には、本の紹介ツイートへの「いいね」、「リツイート」、「リプライ」や、「スペース」での会話を通じて、温かい応援やアドバイスをいただきました。

タロット輸入販売のニチユー株式会社・中川栄利子専務は、直営の「東京タロット美術館」において、2度も、意見交換のお時間を下さいました。

初回ミーティングでは、「タロットは本来、占いではなく、自分発見・自己啓発のツール」という同館のポリシーに感銘を受けると同時に、オリジナル・タロットの制作について賛同していただき、プロジェクトを前進させる勇気をいただきました。

2回目は、読者やタロットファンの方々とのコミュニケーションのあり方、タロットカードの製作などについて、貴重なアドバイスを頂戴することができました。

オリジナル・タロットは、プロのイラストレーターさんに描いていただきました。

マルセイユ版の「伝統的な規範を守りながら・既存版と差別化したい」というコンセプトのもと、「ゼロから下絵を起こし、人物キャラの表情には、漫画的な手法で心理描写を施す」というワークを1年間続けてくださり、大アルカナ22枚の絵を仕上げることができました。

次世代マルセイユ版として、「マンガ大国ＪＡＰＡＮ」から世界に向けて発信していきます。

『タロットの秘密：カタリ派の歴史はマルセイユ・タロットにどのように封印されたか（原題：The Secret of the Tarot: How the Story of the Cathars Was Concealed in the Tarot of Marseilles）』の著者ロバート・スワーリン（Robert Swiryn）氏には、コンテンツを組み立てるうえで、重大なインスピレーションをいただいています。

最後に、ローマの元義父で、今は亡き恩人……。カタリ派同様、「異端」とされたヴァルド派の熱心な信者であったアルベルトに、本書の完成を報告し、ペンを置くこととします。

筆　者

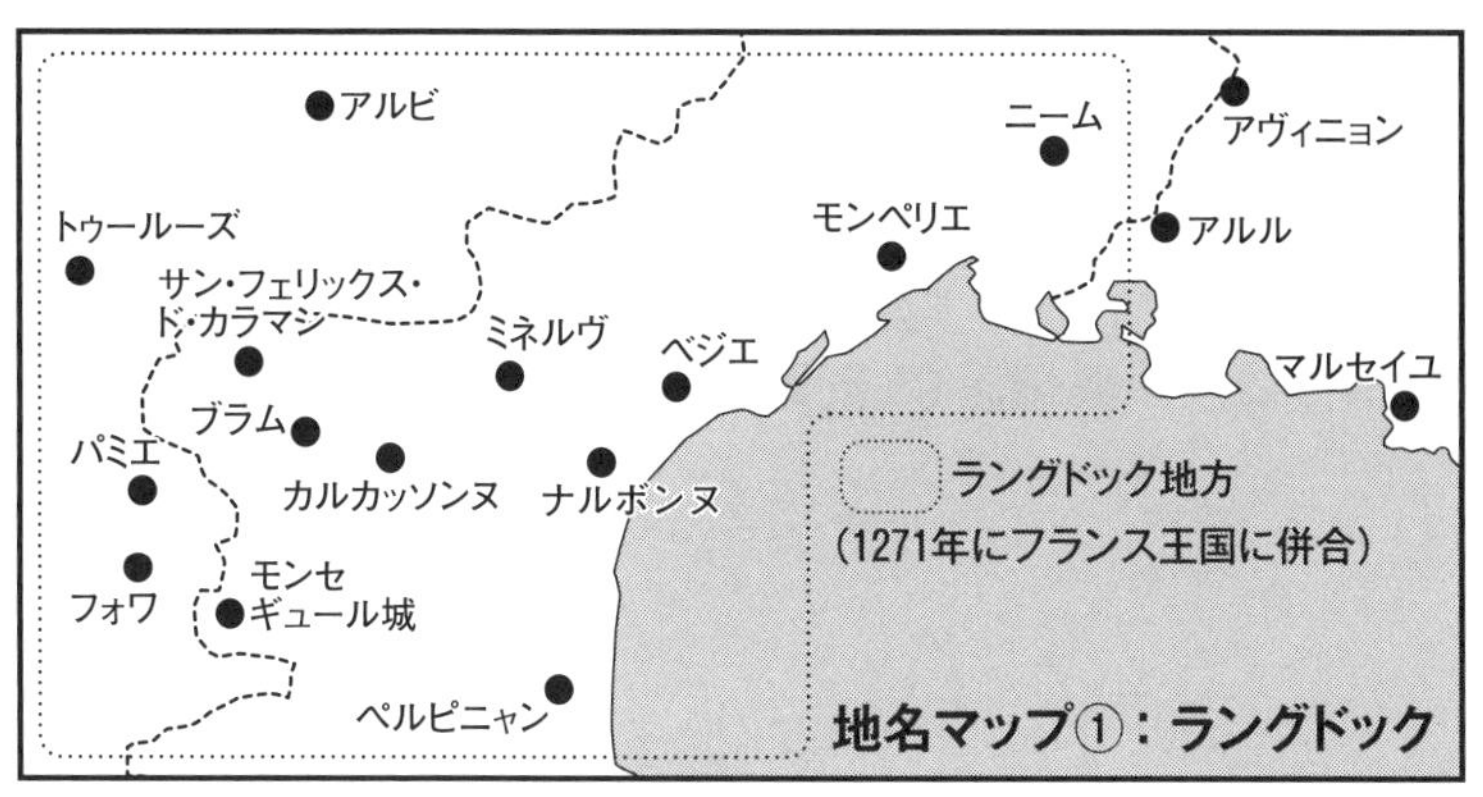

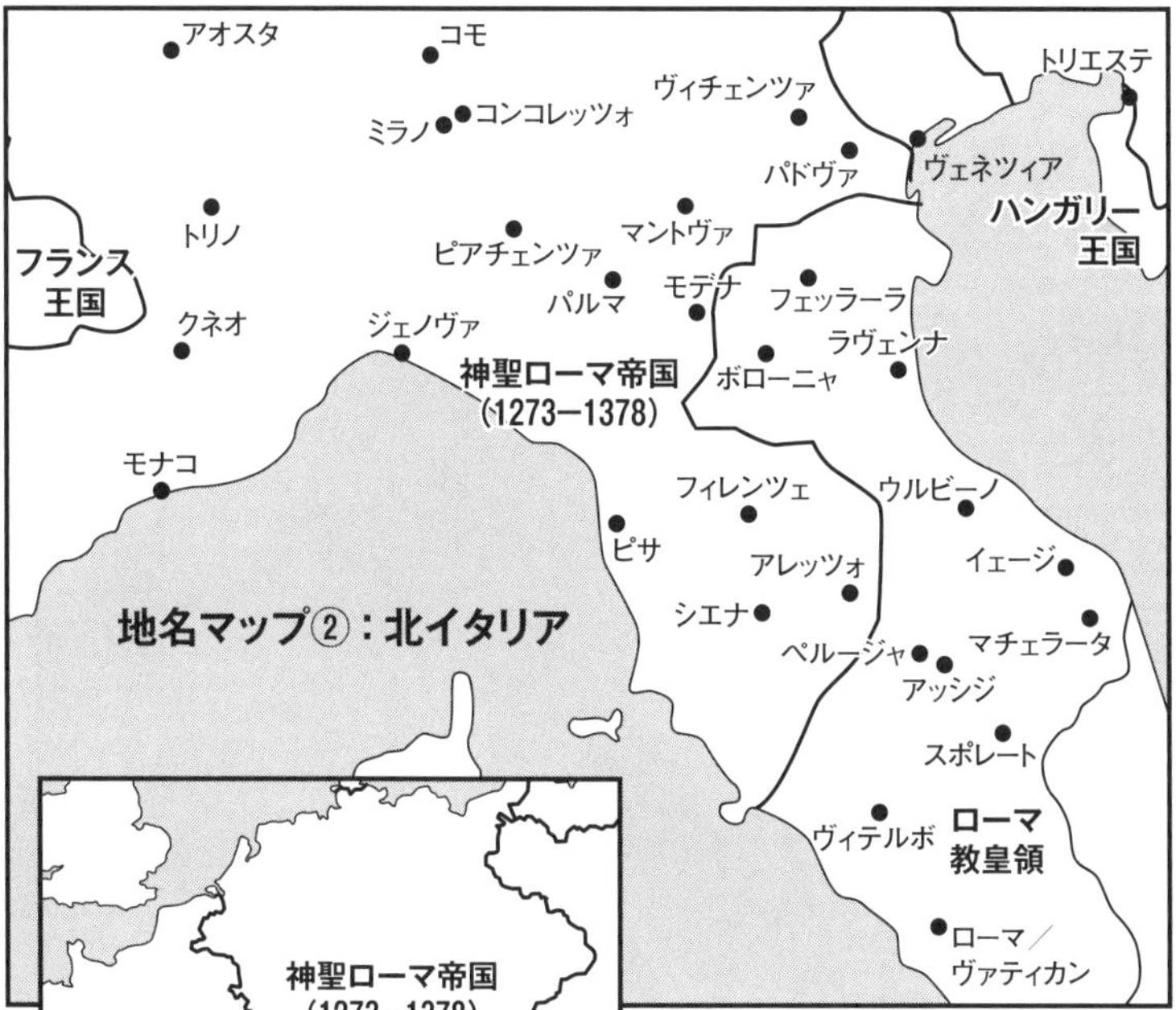

アルビ
ニーム
アヴィニョン
トゥールーズ
モンペリエ
アルル
サン・フェリックス・
ド・カラマジ
ミネルヴ
ベジエ
マルセイユ
ブラム
パミエ
カルカッソンヌ
ナルボンヌ
ラングドック地方
（1271年にフランス王国に併合）
フォワ
モンセ
ギュール城
ペルピニャン

地名マップ①：ラングドック

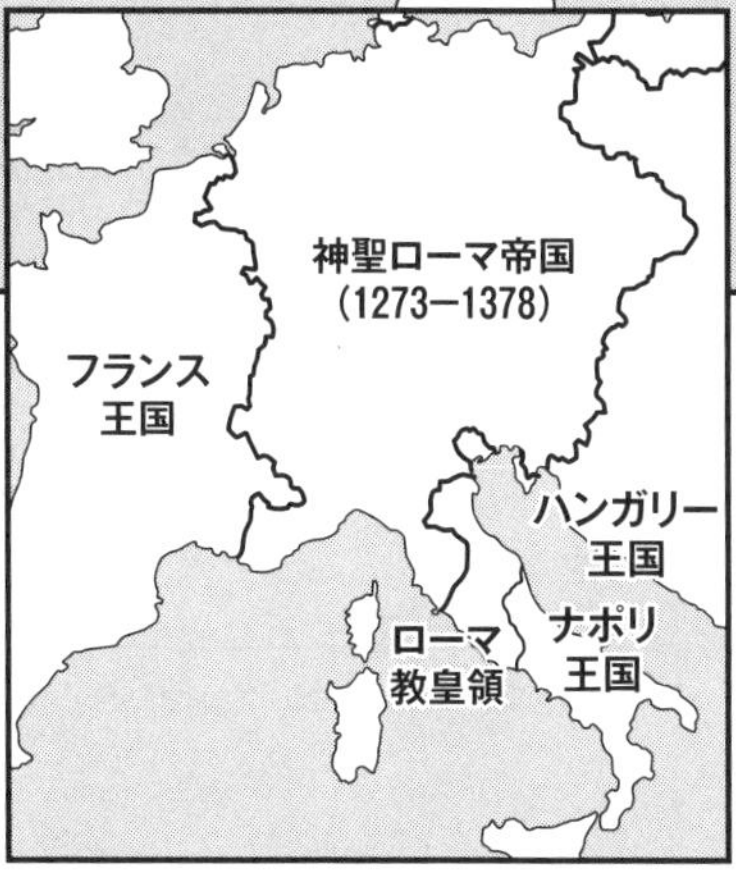

アオスタ
コモ
トリエステ
ヴィチェンツァ
ミラノ
コンコレッツォ
パドヴァ
ヴェネツィア
トリノ
マントヴァ
ハンガリー
王国
フランス
王国
ピアチェンツァ
パルマ
モデナ
フェッラーラ
クネオ
ジェノヴァ
ラヴェンナ
神聖ローマ帝国
（1273—1378）
ボローニャ
モナコ
フィレンツェ
ウルビーノ
ピサ
イェージ
アレッツォ
シエナ
マチェラータ
ペルージャ
アッシジ
スポレート
ヴィテルボ
ローマ
教皇領
ローマ／
ヴァティカン

地名マップ②：北イタリア

神聖ローマ帝国
（1273—1378）
フランス
王国
ハンガリー
王国
ナポリ
王国
ローマ
教皇領

地名マップ③：神聖ローマ帝国

地名マップ④：異端派（二元論）の拡散ルート（10～15世紀）

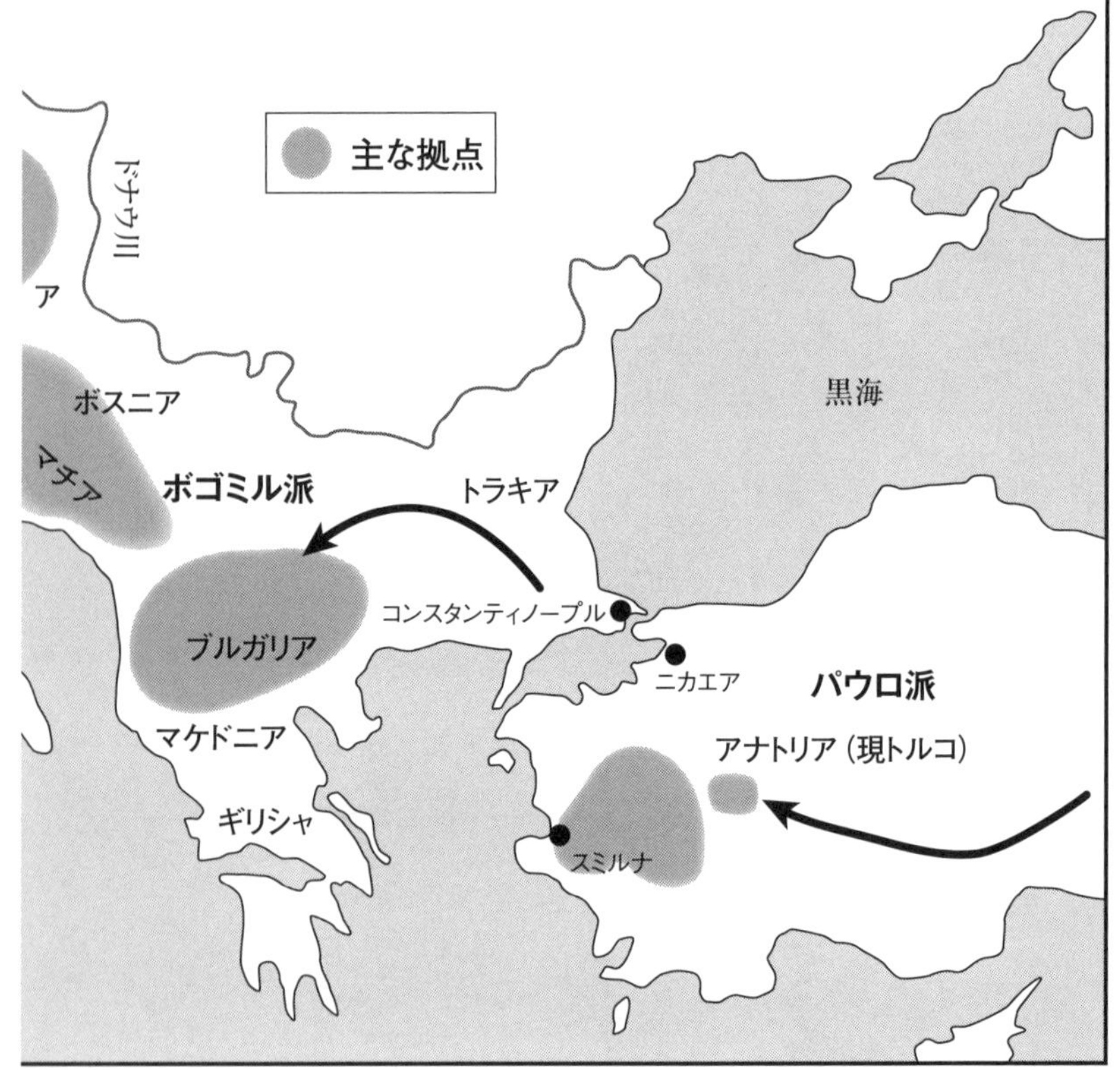

＊以下をもとに作成。https://commons.wikimedia.org/wiki/File:Bogomilist_expansion.svg

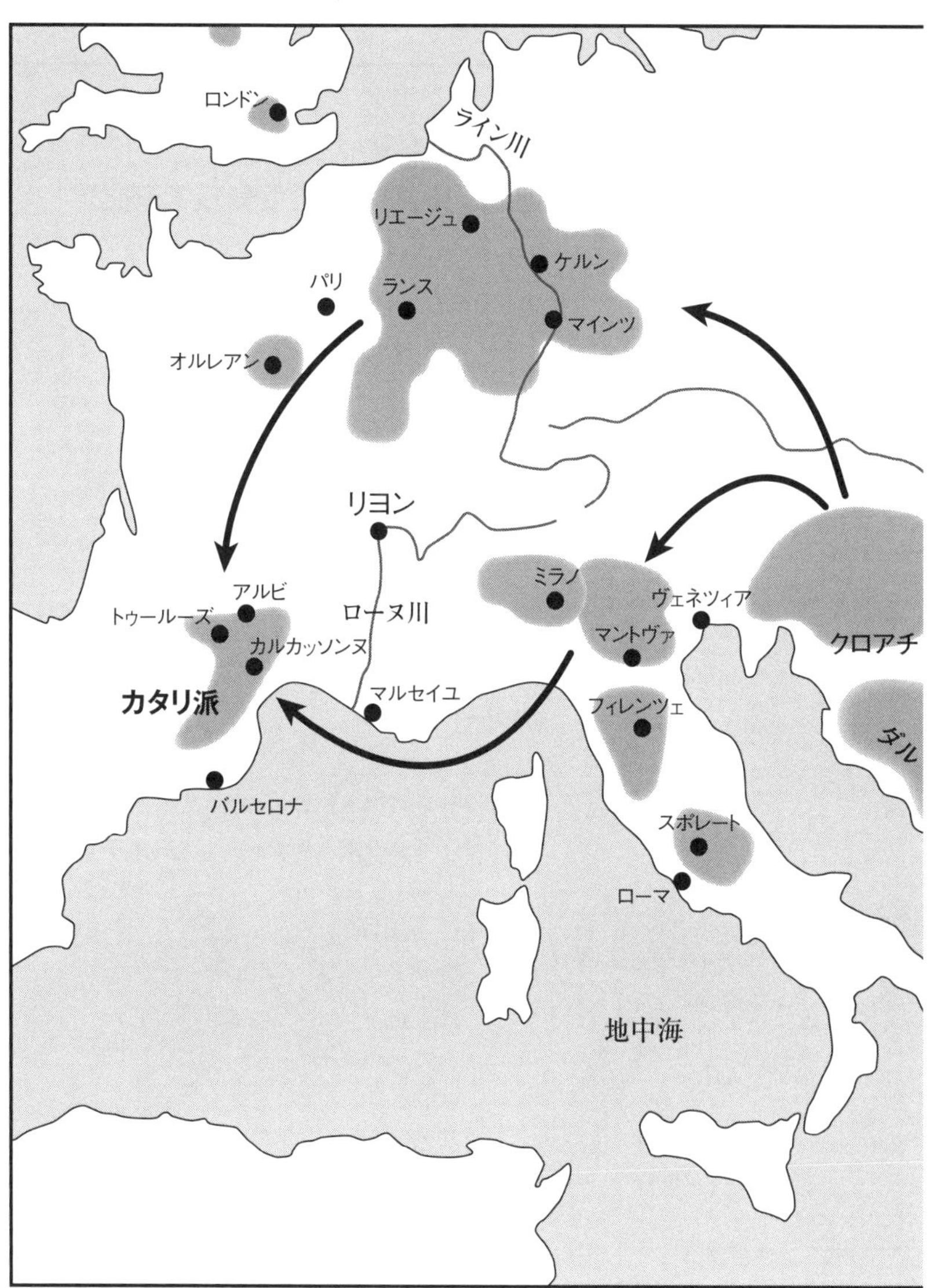
ロンドン
ライン川
リエージュ
ケルン
パリ
ランス
マインツ
オルレアン
リヨン
ミラノ
ヴェネツィア
アルビ
トゥールーズ
ローヌ川
カルカッソンヌ
マントヴァ
クロアチ
カタリ派
マルセイユ
フィレンツェ
ダル
バルセロナ
スポレート
ローマ
地中海

地名マップ⑤：地中海世界とメソポタミア
（地名は現代の呼称を優先して表記）

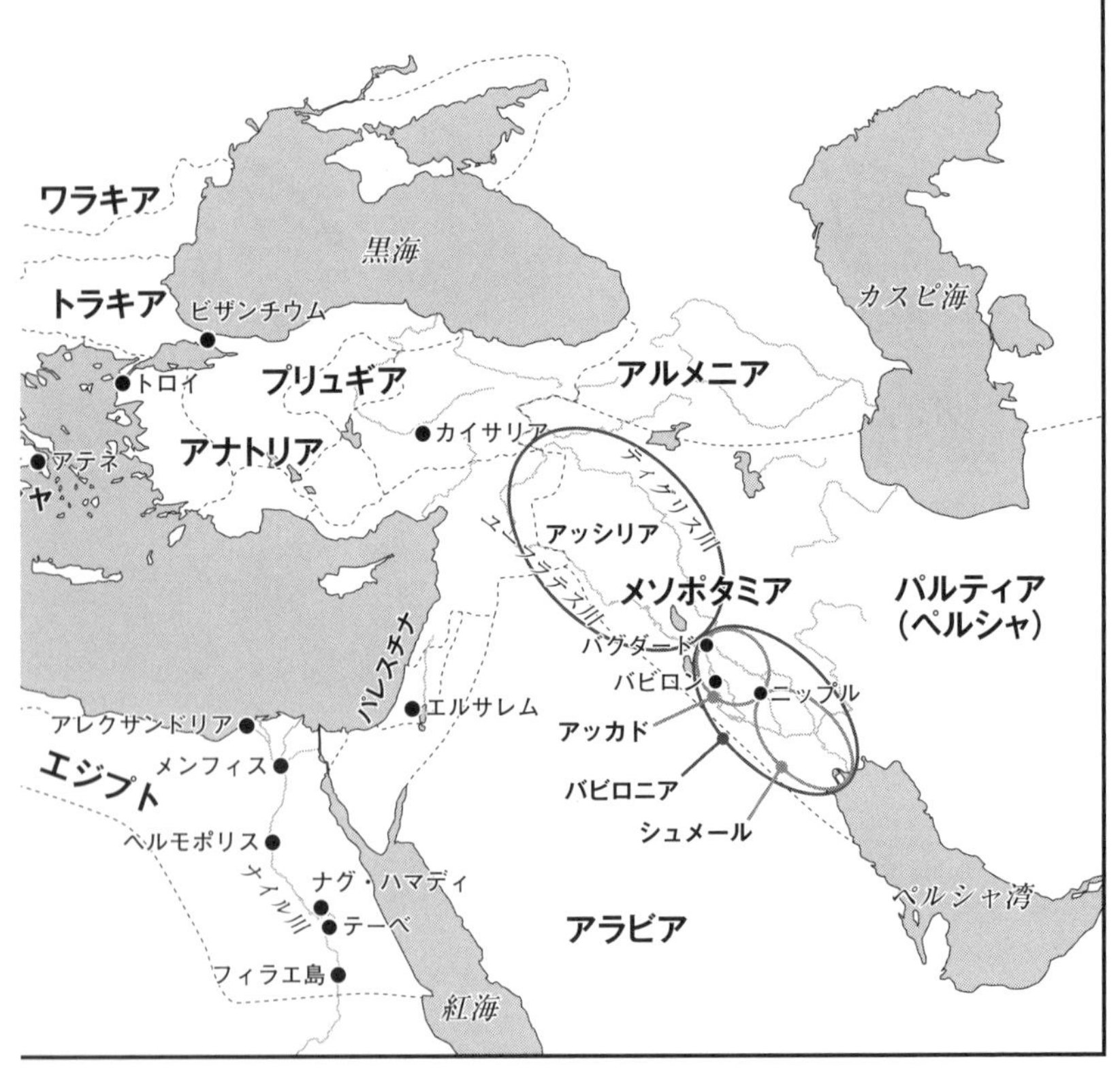

ブリタニア
ゲルマニア
ケルン
マインツ
ルナティア
(→パリ)
ガリア
ボルドー
オクシタニア
ジェノヴァ
ラヴェンナ
ニース
イタリア
ナルボンヌ
マルセイユ
サンチャゴ・デ・
コンポステーラ
ローマ
ナポリ
マケドニア
ヒスパニア
バレンシア
デルフォイ
シチリア
ギリシ
カルタゴ
マルタ島
地中海
アフリカ
……の範囲内はローマ帝国・従属国の版図
（アウグストゥス帝・在位 BC27-AD14）

引用。Swiryn，前掲書，p.196）

(32) Swiryn，前掲書，p.203

(33) Henry Charles Lea, *The History of the Inquisition of the Middle Ages*, Harbor Press, 1955, vol. III, p.21（以下における引用。Swiryn，前掲書，p.204）

(34) Swiryn, 前掲書 , pp.207-208

(35) Steven Runciman, *The Medieval Manichee: A Study of the Christian Dualist Heresy*, Cambridge University Press, 1960, p.160（以下における引用。Swiryn，前掲書，p.221）

(9) 同書，p.156

(10) W.A. Sibly and M.D. Sibly 訳，*The Chronicle of William of Puylaurens: The Albigensian Crusade and Its Aftermath*, Boydell Press, 2003, p.42（以下における引用。Swiryn，前掲書，pp.153-154）

(11) Swiryn，前掲書，p.159

(12) *Baudouin de Toulouse*, fr.wikipedia.org

(13) August C. Krey, *The First Crusade: The Accounts of Eye-Witnesses and Participants*, Princeton University Press, 1921, p.262（以下における引用。Swiryn，前掲書，p.165）

(14) W.A. Sibly and M.D. Sibly　訳，*The History of the Albigensian Crusade: Peter of Les-Vaux-De-Cernay*, Boydell Press, 1998, p.117（以下における引用。Swiryn，前掲書，p.165）

(15) 同書，p.70（以下における引用。Swiryn，前掲書，p.166）

(16) George Ferguson, *Signs and Symbols in Christian Art*, Oxford University Press, 1954, p.183（以下における引用。Swiryn，前掲書，p.171）

(17) Swiryn，前掲書，pp.171-172

(18) 同書，p.172

(19) 同書，p.172

(20) 同書，p.176

(21) Ladurie，前掲書，p.13（以下における引用。Swiryn，前掲書，pp.176-177）

(22) 同書，p.13（以下における引用。Swiryn，前掲書，p.177）

(23) *L'épopée cathare : chronologie simplifiée du catharisme*, cathares.org

(24) アンヌ・ブルノン，山田美明 訳，カタリ派：中世ヨーロッパ最大の異端，創元社（「知の再発見」双書），2013, p.90

(25) Walter L. Wakefield, *Heresy, Crusade and Inquisition in Southern France, 1100-1250*, University of California Press, 1974, p.60（以下における引用。Swiryn，前掲書，p.183）

(26) John Hine Mundy, *Society and Government at Toulouse in the Age of the Cathars*, Pontifical Institute of Medieval Studies, 1997, p.121（以下における引用。Swiryn，前掲書，p.183）

(27) Swiryn，前掲書，p.189

(28) 同書，p.190

(29) 同書，p.190

(30) 同書，p.190

(31) Malcolm D. Lambert, *The Cathars*, Blackwell Publishing, 1998, p.265（以下における

(2) Frances A. Yates, *Giordano Bruno and the Hermetic Tradition,* University of Chicago Press, 1964, p.111（以下における引用。Swiryn，前掲書，p.88）
(3) *Pope Joan References 1.,* en.wikipedia.org
(4) Iohannes de Mailliaco (Jean de Mailly), *Chronica universalis Mettensis,* ca.1255（以下における引用。*Pope Joan,* en.wikipedia.org）
(5) Martinus Polonus, *Chronicon pontificum et imperatorum,* Bob Jones University Library MS 1, ca.1291-1302（以下における引用。*Pope Joan,* en.wikipedia.org）
(6) *Pope Joan,* en.wikipedia.org
(7) *Pope Joan,* en.wikipedia.org
(8) *I CATARI A FIRENZE,* patergnosticus.blogspot.com, 2012
(9) Boethius, Victor Watts 訳，*The Consolation of Philosophy: Book VI,* ch. 3, Penguin Books, 1969（以下における引用。Swiryn，前掲書，p.147）
(10) Vincent Robert-Nícoud, *The World Upside Down in 16th-century French Literature and Visual Culture,* Brill Academic Pub, 2018, p.1（以下における引用。*Mundus inversus,* en.wikipedia.org）
(11) ヨゼフ・ピーパー，松尾雄二 訳，四枢要徳について：西洋の伝統に学ぶ，知泉書館，2007, p.209（以下における引用。古田徹也，ピーパー『四枢要徳について』の要点と批評：滝久雄『貢献する気持ち』との関連において，homo-contribuens.org/wp/wp-content/uploads/2016/04/thesis_taki_004.pdf, 2016, p.12）
(12) *Le Toule ?!,* letarot.com
(13) ジョン・ミルトン，平井正穂 訳，失楽園（上），岩波書店（岩波文庫），1981, pp.143-144（以下における引用。堀端孝治，中世のキリスト教徒の巡礼に関する一研究，四日市大学論集 第10巻 第1号，1997, p.201）

PART 4　タロットに封印された「カタリ派」の秘伝

(1) John Shinners 編，*Medieval Popular Religion 1000-1500: A Reader,* Broadview Press, 1997, p.26（以下における引用。Swiryn，前掲書，p.99）
(2) Swiryn，前掲書，p.100
(3) フェルナン・ニナール，渡邊昌美 訳，異端カタリ派，白水社（文庫クセジュ），1979, p.74
(4) *L'épopée cathare : chronologie simplifiée du catharisme,* cathares.org
(5) Swiryn，前掲書，pp.119-120
(6) 同書，p.131
(7) 甚野尚志，中世の異端者たち，山川出版社（世界史リブレット），1996, p.42
(8) Swiryn，前掲書，p.137

【註】

・書籍：著訳者氏名，書籍タイトル，出版社（または所蔵機関），出版年，該当頁を記載した。

・Web：執筆者氏名，記事タイトル，Webサイト名，記事掲載年を記載した。
※確認できるもののみ記載。

PART 1　タロットとは

(1) *The Gringonneur Case, PRIMARY SOURCES,* 1392 (?), Trionfi.com

(2) 林宏太郎，トランプとタロット，平凡社（平凡社カラー新書），1978, p.32

(3) 同上

(4) *taroccare,* TRECCANI.it

(5) Michael Dummett, *The Visconti-Sforza Tarot Cards,* George Braziller, 1986（以下における引用。Cynthia Giles, *The Historical Tarot: Art and Origins,* cynthiagiles.medium.com, 2020）

(6) *Etteilla,* en.wikipedia.org

(7) 香月ひかる，ヴィスコンティ家のタロット，幻冬舎，2017, p.92

(8) *Histoire des cartes de tarot,* fr.wikipedia.org

(9) 同上

(10) *Jean Noblet,* fr.wikipedia.org

(11) *Tarot of Marseilles,* en.wikipedia.org

PART 2　マルセイユ・タロットの正体

(1) アーサー・ガーダム，大野龍一 訳，偉大なる異端：カタリ派と明かされた真実，ナチュラルスピリット，2016, p.8

(2) *catari,* TRECCANI.it

(3) マリア・ベロンチ，大條成昭 訳，ミラノ：ヴィスコンティ家の物語，新書館，1998, p.58

PART 3　「大アルカナ」22枚のスピリチュアル・メッセージ

(1) Emmanuel Le Roy Ladurie, Barbara Bray 訳 , *Montaillou: The Promised Land of Error,* Vintage Books, 1979, p.296（以下における引用。Robert Swiryn, *The Secret of the Tarot: How the Story of the Cathars Was Concealed in the Tarot of Marseilles,* Pau Hana Publishing, 2010, p.89）

美術史とタロット

・井上教子，タロット象徴事典，国書刊行会，2009
・井上教子，タロットの歴史：西洋文化史から図像を読み解く，山川出版社，2014
・大澤義孝，タロットの謎：古典マルセイユ版から読み解く，アールズ出版，2018
・オズヴァルド・ヴィルト，今野喜和人 訳，中世絵師たちのタロット，国書刊行会，2019
・レティシア・バルビエ，鏡リュウジ 監訳，［ヴィジュアル版］タロットと占術カードの世界：起源から21世紀まで，原書房，2022
・読売新聞社「美術展ナビ」取材班，東京タロット美術館 監修，美しきタロットの世界：その歴史と図像の秘密，祥伝社，2022

タロット解釈

・手賀敬介，いちばんやさしいタロット・リーディングの教科書，ナツメ社，2015
・松村潔，魂をもっと自由にするタロットリーディング，説話社，2006
・松村潔，大アルカナで展開するタロットリーディング 実践編，説話社，2008
・松村潔，タロット解釈大事典，説話社，2009
・伊泉龍一，ジューン澁澤，リーディング・ザ・タロット：大アルカナの実践とマルセイユ・タロットのイコノグラフィー，駒草出版，2009

占星術

・ルル・ラブア，占星学 新装版，実業之日本社，2017

数秘術

・ジョン・キング，好田順治 訳，数秘術：数の神秘と魅惑，青土社，1998
・浅野八郎，カバラ数秘術：ユダヤ最高の占術でわかるあなたの運命，三笠書房，2011

語源辞典

・Calvert Watkins, *The American Heritage Dictionary of Indo-European Roots, Third Edition*, Houghton Mifflin Harcourt, 2011

【参考文献】

著訳者氏名，書籍タイトル，出版社，出版年を記載した。

思想史

・渡邉昌美，異端カタリ派の研究：中世南フランスの歴史と信仰，岩波書店，1989
・大貫隆，グノーシスの神話，講談社，2014
・小林登志子，古代メソポタミア全史：シュメル、バビロニアからサーサーン朝ペルシアまで，中央公論新社，2020
・ジャン・ボッテロ，松本健 監修，南条郁子 訳，バビロニア：われらの文明の始まり，創元社，1996
・山本由美子，マニ教とゾロアスター教，山川出版社，1998
・西川杉子，ヴァルド派の谷へ：近代ヨーロッパを生きぬいた異端者たち，山川出版社，2003
・塩野七生，ルネサンスとは何であったのか，新潮社，2008

タルタリア

・笹原俊，マッドフラッド：泥海に沈んだ先進文明タルタリア，ヒカルランド，2022

タロット重要事項

・鏡リュウジ，タロットの秘密，講談社，2017
・大沼忠弘，フィリップ・カモワン，秘伝カモワン・タロット，学習研究社，2002
・アレハンドロ・ホドロフスキー，マリアンヌ・コスタ，伊泉龍一 監修，黒岩卓 訳，タロットの宇宙，国書刊行会，2016
・アレイスター・クロウリー，榊原宗秀 訳，トートの書 新装版，国書刊行会，2004
・学習研究社，ムー 2005年2月号 No.291 総力特集 タロットは世界創造の書だった！，学習研究社，2005
・鏡リュウジ 著・編集，ユリイカ 2021年12月臨時増刊号 総特集◎タロットの世界，青土社，2021
・Russell A. Sturgess, *The Spiritual Roots of the Tarot: The Cathar Code Hidden in the Cards,* Inner Traditions, 2020
・Antoine Court de Gébelin, Elisa P. Sanacore 訳, *Del Gioco dei Tarocchi Ricerche sui Tarocchi,* Independently published, 2020
・Roger Tilley, A History of Playing Cards, Studio Vista Publishers, 1973

【図119】Dnalor 01, CC BY-SA 3.0 AT, via Wikimedia Commons

・PART 3の各札冒頭およびPART 4の各スプレッドのカード画像は著者作成の「NARITAIオリジナルタロット」。
・そのほかの画像は、すべてパブリック・ドメイン。

【画像クレジット】

【図2】著者作成
【図3, 4】Photo by DeAgostini/Getty Images
【図7】Andres Rueda, CC BY 2.0, via Wikimedia Commons
【図13】ChrisO, CC BY-SA 3.0, via Wikimedia Commons
【図19】Huhsunqu, CC BY-SA 2.5, via Wikimedia Commons
【図25】User:MatthiasKabel, CC BY-SA 3.0, via Wikimedia Commons
【図27】Sp!ros, CC BY-SA 3.0, via Wikimedia Commons
【図29】© rclassenlayouts/123RF.COM
【図30】© José Luiz Bernardes Ribeiro
【図31】Zairon, CC BY-SA 4.0, via Wikimedia Commons
【図32】Ricardo André Frantz (User:Tetraktys), CC BY-SA 3.0, via Wikimedia Commons
【図34】AnonMoosmodified by FOX 52, CC BY-SA 4.0, via Wikimedia Commons
【図48】Wolfgang Sauber, CC BY-SA 3.0, via Wikimedia Commons
【図53】Tawashi, CC BY-SA 3.0, via Wikimedia Commons
【図63】Uffizi Gallery , CC BY-SA 4.0, via Wikimedia Commons
【図64】Artus Quellinus the Elder , CC BY-SA 4.0, via Wikimedia Commons
【図67】Solar at en.wikipedia, CC BY-SA 2.0, via Wikimedia Commons
【図71】Anton Coberger , CC BY 2.0, via Wikimedia Commons
【図72】Sailko, CC BY 3.0, via Wikimedia Commons
【図73】© User:Colin / Wikimedia Commons
【図76】Moh hakem, CC BY-SA 4.0, via Wikimedia Commons
【図81】Jean-Pierre Dalbéra, CC BY 2.0, via Wikimedia Commons
【図83】Steven G. Johnson, CC BY-SA 3.0, via Wikimedia Commons
【図84】Louvre Museum , CC BY-SA 3.0, via Wikimedia Commons
【図91】Bernard Gilduin , CC BY-SA 4.0, via Wikimedia Commons
【図92】Tomruen, CC BY-SA 4.0, via Wikimedia Commons を参考に作成
【図96】Palminellafede, CC BY-SA 3.0, via Wikimedia Commons
【図98】David Bellot, LGPL, via Wikimedia Commons
【図101】Gilgamesz84, CC BY-SA 4.0, via Wikimedia Commons
【図104】Arthur von Ramberg , CC BY-SA 4.0, via Wikimedia Commons
【図117】MDanis, CC BY-SA 3.0, via Wikimedia Commons
【図118】Didier Descouens, CC BY-SA 4.0, via Wikimedia Commons

成泰　Naritai（占術・言語学研究家）

1963年生まれ。

建築士のキャリアを37年間歩むかたわら、イタリアで美術史を学ぶ。

在伊中にマルセイユ・タロットを知るが、帰国後、建築の仕事に復職。

語学好きが昂じ、英・独・仏・伊・露語の語源分析を独学で修める。

2021年から心理学・量子力学の研究をスタートする一方、タロットが潜在意識のリーディングツールであることを知り、深掘りの道へ。

美術史・言語学の知識を使い、マルセイユ・タロットを独自に解釈した研究成果の出版に至る。

本書とあわせ、オリジナルの「Naritaiタロット」を自作したほか、タロットリーディング講座の開講を準備中。

「宿曜（インド占星術）の象意」を言語学（サンスクリット語・古代中国語・古代日本語）の視点から分析した成果をとりまとめ、「占い実務」に使えるようなマニュアル本を構想中。

◆公式Twitter：
https://twitter.com/naritai_com
◆ココナラブログ：
https://coconala.com/blogs/934943
◆なりたい自分になる—量子創造論：
https://nari-tai.com
◆アメブロ「タロット・数秘術・引き寄せ」：
https://ameblo.jp/hikiyosetarot/
◆Instagram：
https://www.instagram.com/naritaitarot/
◆Easy Word Power｜多言語学習ポータル：
https://easywordpower.org/

※「Naritaiタロット」の販売、リーディング講座については、Twitterなどでお知らせします。

〈美術〉と〈スピリチュアル〉で読み解く
タロット　隠されたメッセージ
「絵柄」に込められた真の意図！

第一刷　2023年6月30日

著者　成泰

発行人　石井健資
発行所　株式会社ヒカルランド
〒162-0821　東京都新宿区津久戸町3-11　TH1ビル6F
電話　03-6265-0852　ファックス　03-6265-0853
http://www.hikaruland.co.jp　info@hikaruland.co.jp
振替　00180-8-496587

本文・カバー・製本　中央精版印刷株式会社
DTP　株式会社キャップス
編集担当　遠藤美保／小澤祥子

ISBN978-4-86742-268-7

成泰〈Naritai〉
秘伝のタロット講座
◆自分発見・自己啓発のツールとしてのタロット◆
絵柄から意図を掴み、理解を深め、
実践リーディングへ

カードの絵柄にこめられた意図を掴むことにより、タロットともっと仲よくなり、さらに理解を深めていく講座です。
本書「PART. 5」にあるさまざまな鑑定法（スプレッド）の基礎をはじめ、特に「動的鑑定法」を詳しく解説していきます。
タロットを「占い」として使うだけでなく、ご自身を見る鏡として、またご自身を高めるメッセージとして用いて、日々を楽しく豊かにする活用法をお伝えします。

**◎グループセッションを取り入れた実践的な講座です。
カードの解釈を深堀りしたり、別の視点からの解釈を取り入れることができ、リーディングの幅が広がります！**

【タロット講座・初級編】

日時：2023年8月19日（土）　13：00〜16：00
会場：イッテル本屋（ヒカルランドパーク7F・東京 飯田橋）
料金：36,000円（税込）

【タロット講座・上級編】

日時：2023年8月26日（土）　13：00〜16：00
会場：イッテル本屋（ヒカルランドパーク7F・東京 飯田橋）
料金：36,000円（税込）

＊いずれも、お申し込みはヒカルランドパークへ

▶おトクな初級・上級編セットのコースもご用意しています！

＊イベントの日時・会場・料金等は、いずれも変更になる場合がございます。
ホームページ等でご確認のうえ、お申し込みください。

神楽坂♥（ハート）散歩
ヒカルランドパーク

「タロット　隠されたメッセージ」
出版記念☆セミナー
＼さらに深く／
隠されたメッセージにせまる
タロット秘密のお話会

講師：成泰（Naritai・占術言語学研究者）

著者・成泰氏は、なぜ絵にこめられたメッセージに気づけたのか？

隠されたメッセージにたどりつくまでのエピソードをはじめ、書籍では語りきれなかった・収まりきらなかった内容や裏話を披露していただきます。

また、本書の内容にとどまらず、インド占星術とタルタリア、ホロスコープとフラットアースなどなど!?　著者の広い知識と鋭い洞察から導き出された興味深いお話も。

◎会場のみなさまに、抽選でサンプルリーディングのプレゼント！
絵から読み解くタロットのメッセージにご期待ください。

日時：2023年７月16日（日）　13：00～14：30　＊開場は30分前
料金：8,800円（税込）
会場：イッテル本屋（ヒカルランドパーク7F・東京 飯田橋）
お申し込み：ヒカルランドパーク

ヒカルランドパーク
JR 飯田橋駅東口または地下鉄 B１出口（徒歩10分弱）
住所：東京都新宿区津久戸町3－11 飯田橋 TH1ビル 7F
TEL：03－5225－2671（平日11時－17時）
E-mail：info@hikarulandpark.jp　URL：https://hikarulandpark.jp/
Twitter アカウント：@hikarulandpark
ホームページからも予約＆購入できます。

2023年3月31日

イッテル本屋
グランドオープン！

みらくる出帆社
ヒカルランドの

イッテル本屋がヒカルランドパークにお引越し！

神楽坂ヒカルランドみらくる3Fにて

皆さまにご愛顧いただいておりました「イッテル本屋」。

2023年3月31日より

ヒカルランドパーク7Fにてグランドオープンしました！

さらなる充実したラインナップにて

皆さまのお越しをお待ちしています！

イッテル本屋（本とグッズ）
〒162-0821　東京都新宿区津久戸町3-11 飯田橋TH1ビル7F

本といっしょに楽しむ イッテル♥ Goods&Life ヒカルランド

CMCのテロメア活性化とラジウムのホルミシス効果で細胞を活性化！ 冷え対策にバッチリ!!

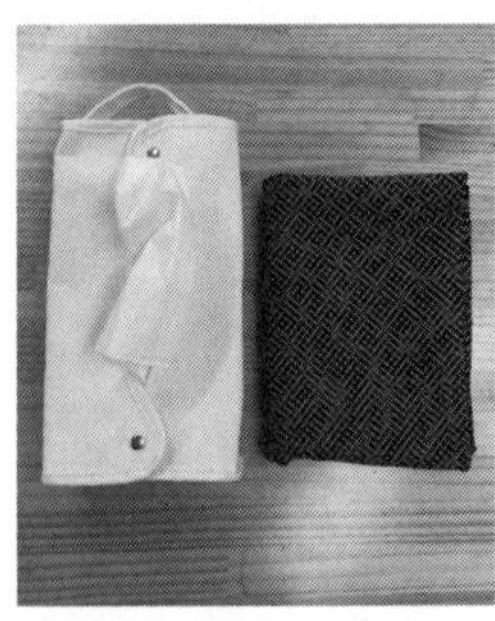

CMC&Hi-Ringo スーパーストール

販売価格：33,000円（税込）
●カラー：ブラック　●サイズ：幅約86㎝×長さ約139㎝　●素材：ナイロン80%、ポリウレタン20%
※模様になっているプリント面を、なるべく広い範囲で体に当てるようにご使用ください。

ゼロ磁場を発生させ、奇跡の新素材と言われるCMC（カーボンマイクロコイル）と、ラジウムのもつ体細胞を活性化させるというホルミシス効果を併せたちょっと欲張りなストール。冷えたな、と感じたら、大きめのストールでしっかりと体を包み込めます。大判なので、ひざ掛けにしても布がたっぷり余ります。ティッシュボックスより小さく折り畳めるので、持ち運びにも大変便利。どこへでも携帯可能です。

【お問い合わせ先】ヒカルランドパーク

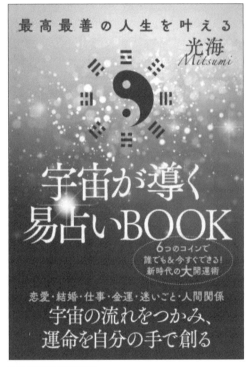

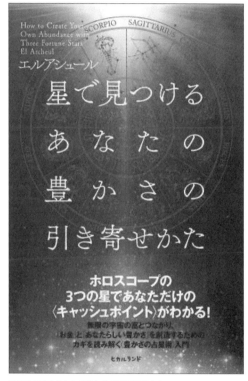

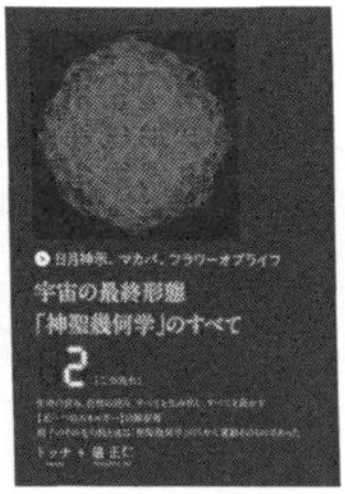

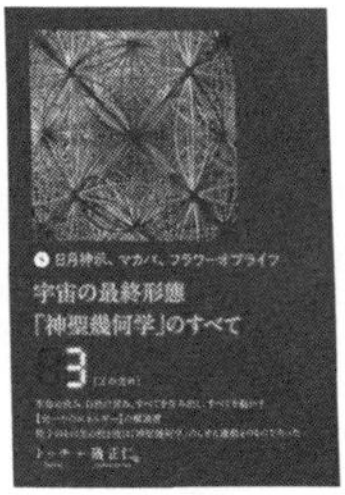

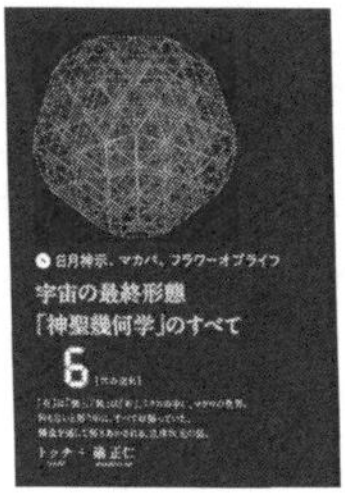

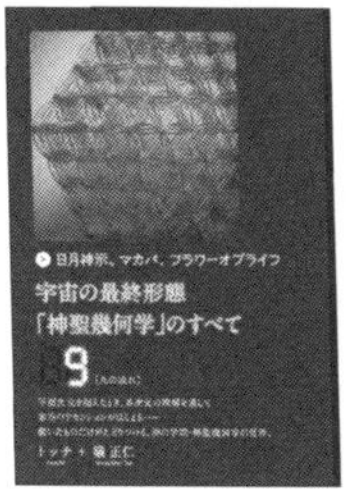

を書籍化。地
立体」神聖幾
情報が変わ